管理学基础（第 4 版）导学

刘爱君　编

国家开放大学出版社·北京

图书在版编目（CIP）数据

管理学基础（第4版）导学／刘爱君编．－－北京：国家开放大学出版社，2020.7（2023.10重印）

ISBN 978-7-304-10276-0

Ⅰ.①管… Ⅱ.①刘… Ⅲ.①管理学-开放教育-教材 Ⅳ.①C93

中国版本图书馆 CIP 数据核字（2020）第 084736 号

版权所有，翻印必究。

管理学基础（第4版）导学
GUANLIXUE JICHU (DI 4 BAN) DAOXUE
刘爱君 编

出版·发行：国家开放大学出版社	
电话：营销中心 010-68180820	总编室 010-68182524
网址：http://www.crtvup.com.cn	
地址：北京市海淀区西四环中路45号	邮编：100039
经销：新华书店北京发行所	

策划编辑：张 曚	版式设计：何智杰
责任编辑：苏雪莲	责任校对：冯 欢
责任印制：武 鹏 马 严	

印刷：三河市博文印刷有限公司
版本：2020 年 7 月第 1 版　　2023 年 10 月第 9 次印刷
开本：787mm×1092mm　1/16　　印张：10　字数：220 千字
书号：ISBN 978-7-304-10276-0
定价：20.00 元

（如有缺页或倒装，本社负责退换）
意见及建议：OUCP_KFJY@ouchn.edu.cn

前言 □□□ PREFACE

"管理学基础"是国家开放大学工商管理、会计学等专业开设的一门专业基础课程。本书是专门为该课程的主教材《管理学基础》(第4版)配套编写的学习指导书,用以帮助学生更好地理解主教材的内容,是学习该课程必备的配套读物。本书以教学大纲为依据,与主教材内容紧密衔接,既有助于学生掌握管理理论的精髓,又能帮助学生在学科领域拓宽视野。

本书按章编写,每章开头都引入一个小故事,这对学生理解各章内容可以起到画龙点睛的作用。各章都包括以下六个方面的内容:

(1) 学习进度及学时安排:为学生提供可参考的学习进度,帮助他们科学、合理地安排个人的学习。

(2) 本章知识地图:使学生对本章结构与内容一目了然。

(3) 内容提要:浓缩了本章的精华内容,便于学生在学习中捕捉重点。

(4) 自测练习:通过一些练习题(客观题),帮助学生检验自己对基础知识的掌握程度。

(5) 模拟实训:用以考查学生对所学知识的应用能力。

(6) 案例讨论:加深学生对管理原理的理解,增强他们的实践经验。

本书由刘爱君编写。

由于编者水平有限,书中难免有不妥之处,恳请专家和读者批评指正。

编 者
2020年3月

目 录 □□□ CONTENTS

第一章 管理与管理学 ·· 1
    一、学习进度及学时安排 ·· 2
    二、本章知识地图 ·· 2
    三、内容提要 ··· 2
    四、自测练习 ··· 6
    五、模拟实训 ··· 9
    六、案例讨论 ··· 9

第二章 管理理论的形成与发展 ··· 11
    一、学习进度及学时安排 ·· 12
    二、本章知识地图 ·· 12
    三、内容提要 ··· 12
    四、自测练习 ··· 17
    五、模拟实训 ··· 19
    六、案例讨论 ··· 20

第三章 计划工作 ·· 22
    一、学习进度及学时安排 ·· 23
    二、本章知识地图 ·· 23
    三、内容提要 ··· 23
    四、自测练习 ··· 26
    五、模拟实训 ··· 28
    六、案例讨论 ··· 28

第四章 目标管理 ·· 30
    一、学习进度及学时安排 ·· 31
    二、本章知识地图 ·· 31

三、内容提要 ……………………………………………………………… 31
　　四、自测练习 ……………………………………………………………… 34
　　五、模拟实训 ……………………………………………………………… 37
　　六、案例讨论 ……………………………………………………………… 37

第五章　战略管理 …………………………………………………………… 40
　　一、学习进度及学时安排 ………………………………………………… 41
　　二、本章知识地图 ………………………………………………………… 41
　　三、内容提要 ……………………………………………………………… 41
　　四、自测练习 ……………………………………………………………… 48
　　五、模拟实训 ……………………………………………………………… 50
　　六、案例讨论 ……………………………………………………………… 50

第六章　决　　策 …………………………………………………………… 53
　　一、学习进度及学时安排 ………………………………………………… 54
　　二、本章知识地图 ………………………………………………………… 54
　　三、内容提要 ……………………………………………………………… 54
　　四、自测练习 ……………………………………………………………… 56
　　五、模拟实训 ……………………………………………………………… 59
　　六、案例讨论 ……………………………………………………………… 59

第七章　组织结构设计 ……………………………………………………… 62
　　一、学习进度及学时安排 ………………………………………………… 63
　　二、本章知识地图 ………………………………………………………… 63
　　三、内容提要 ……………………………………………………………… 63
　　四、自测练习 ……………………………………………………………… 69
　　五、模拟实训 ……………………………………………………………… 71
　　六、案例讨论 ……………………………………………………………… 71

第八章　人员配备 …………………………………………………………… 73
　　一、学习进度及学时安排 ………………………………………………… 74
　　二、本章知识地图 ………………………………………………………… 74
　　三、内容提要 ……………………………………………………………… 74
　　四、自测练习 ……………………………………………………………… 78
　　五、模拟实训 ……………………………………………………………… 80

六、案例讨论 ·· 80

第九章　领导理论与领导艺术 ·· 82

　　一、学习进度及学时安排 ··· 83
　　二、本章知识地图 ·· 83
　　三、内容提要 ·· 83
　　四、自测练习 ·· 88
　　五、模拟实训 ·· 90
　　六、案例讨论 ·· 91

第十章　激　　励 ·· 93

　　一、学习进度及学时安排 ··· 94
　　二、本章知识地图 ·· 94
　　三、内容提要 ·· 95
　　四、自测练习 ·· 97
　　五、模拟实训 ·· 99
　　六、案例讨论 ·· 100

第十一章　沟　　通 ·· 102

　　一、学习进度及学时安排 ··· 103
　　二、本章知识地图 ·· 103
　　三、内容提要 ·· 103
　　四、自测练习 ·· 106
　　五、模拟实训 ·· 109
　　六、案例讨论 ·· 109

第十二章　控制基础 ·· 112

　　一、学习进度及学时安排 ··· 113
　　二、本章知识地图 ·· 113
　　三、内容提要 ·· 113
　　四、自测练习 ·· 116
　　五、模拟实训 ·· 118
　　六、案例讨论 ·· 119

第十三章　控制系统和方法 ·· 121

　　一、学习进度及学时安排 ··· 122

二、本章知识地图 ………………………………………………………… 122
三、内容提要 ……………………………………………………………… 122
四、自测练习 ……………………………………………………………… 126
五、模拟实训 ……………………………………………………………… 128
六、案例讨论 ……………………………………………………………… 129

自测练习参考答案及案例评析 ………………………………………… 133

第一章 管理与管理学

一个小男孩得到一条新裤子，穿上一试，长了一点儿。他请奶奶帮忙把裤子剪短一点儿，奶奶说，今天手头的活太多，让他去找妈妈。妈妈也没空，因为她已经与别人约好去玩。男孩又去找姐姐，姐姐也有约会，而且马上就要走。小男孩担心第二天穿不上这条裤子，带着失望的心情入睡了。

奶奶忙完手头的活，想起孙子的裤子，就把裤子剪短了一点儿；妈妈回来后想起这件事，也把裤子剪短了一点儿；姐姐回来后，又把裤子剪短了一点儿。可想而知，这条裤子小男孩再也没法穿了。

从这个小故事中可以看出，任何一项活动都需要管理。如果没有管理来协调，即使再简单的活动，也会因为缺乏沟通而导致行动失误；即使目标一致，也会由于没有整体的相互配合而无法达到目标。

因此，任何一个组织、任何一项活动都离不开管理与管理者。那么，什么是管理？什么是管理者？管理者如何管理组织？管理者的职能有哪些？这就是本章所要介绍的内容。学完本章内容，这些问题便可迎刃而解。

一、学习进度及学时安排

请在第 1 周完成本章内容的学习，至少安排 7 课时的学习时间。

二、本章知识地图

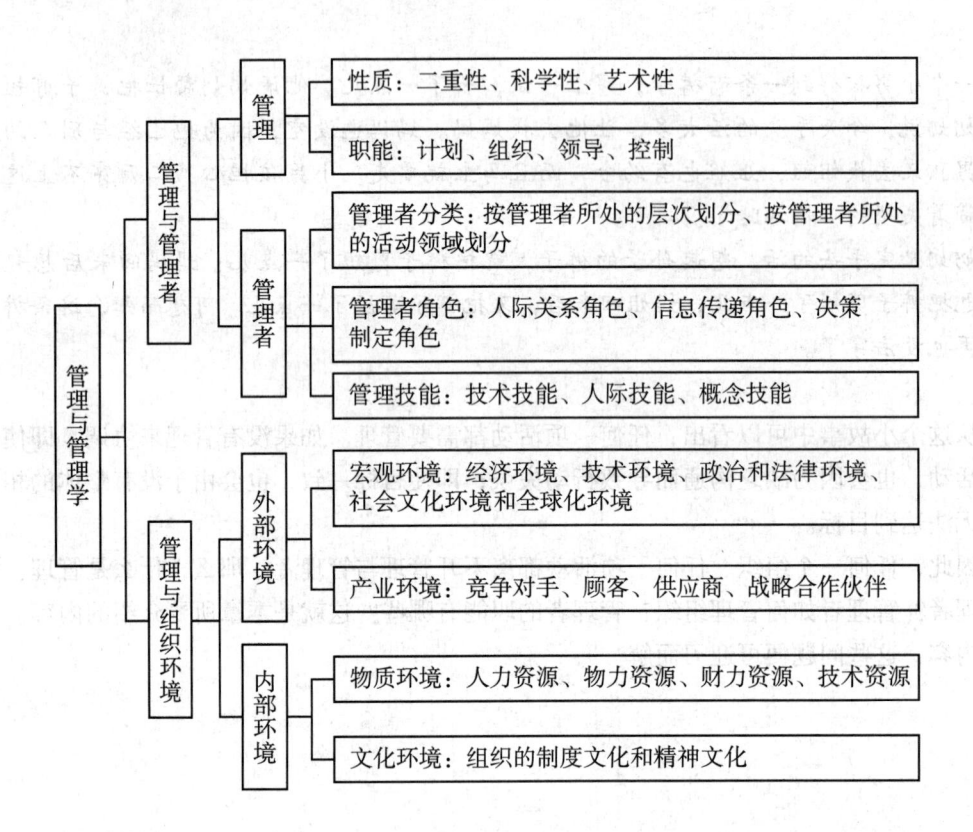

```
                                    ┌─ 性质：二重性、科学性、艺术性
                         ┌─ 管理 ──┤
                         │          └─ 职能：计划、组织、领导、控制
              ┌─ 管理与 ─┤
              │  管理者  │          ┌─ 管理者分类：按管理者所处的层次划分、按管理者所处
              │         │          │  的活动领域划分
              │         │          │
              │         └─ 管理者 ─┼─ 管理者角色：人际关系角色、信息传递角色、决策
管理与           │                    │  制定角色
管理学 ────┤                    │
              │                    └─ 管理技能：技术技能、人际技能、概念技能
              │
              │         ┌─ 外部 ──┬─ 宏观环境：经济环境、技术环境、政治和法律环境、
              │         │  环境   │  社会文化环境和全球化环境
              │         │         │
              └─ 管理与─┤         └─ 产业环境：竞争对手、顾客、供应商、战略合作伙伴
                 组织   │
                 环境   │         ┌─ 物质环境：人力资源、物力资源、财力资源、技术资源
                        └─ 内部 ──┤
                           环境   └─ 文化环境：组织的制度文化和精神文化
```

三、内容提要

（一）管理的含义

管理是指管理者为有效地实现组织目标，对组织资源和组织活动有意识、有组织、不断地进行协调的活动。这个概念包含以下几层意思：

（1）管理是有意识、有组织的群体活动。

（2）管理是一个动态的协调过程，主要协调人的活动以及人与人之间的关系。协调行为贯穿管理过程的始终。

（3）管理的目的在于有效地实现组织目标。

（4）管理的对象是组织资源和组织活动。

（二）管理的性质

作为一种特殊的实践活动，管理具有如下独特的性质：

1. 管理的二重性

马克思关于管理的二重性的理论认为，一方面，管理是由许多人协同劳动而产生的，因此它具有与生产力、社会化大生产相联系的自然属性；另一方面，管理是在一定的生产关系条件下进行的，因此它具有与生产关系、社会制度相联系的社会属性。

2. 管理的科学性

管理的科学性是指管理作为一个活动过程，其间存在一系列基本的客观规律，有一套分析问题、解决问题的科学方法。

3. 管理的艺术性

管理的艺术性就是强调管理的实践性，没有管理实践则无所谓管理艺术。管理的艺术性就是强调管理者除了要掌握一定的管理理论和方法，还要掌握灵活运用这些理论和方法的技巧与诀窍。

（三）管理的职能

管理职能即管理的职责和权限。我们认为，管理的职能一般包括以下几个方面：

1. 计划

计划是事先对未来行为所做的规划和安排，它是管理的首要职能。首先，计划从明确目标着手，为实现组织目标提供保障。其次，计划通过优化资源配置来保证组织目标的实现。最后，计划通过政策、程序等的制定来保证组织目标的实现。

2. 组织

组织是管理的一项重要职能，其主要内容包括：根据组织目标，在任务分工的基础上设置组织部门；根据各部门的任务性质和管理要求，确定其工作标准、职权、职责；确定各部门之间的关系及联系方式和规范；为岗位配备人员。

3. 领导

管理的领导职能贯穿整个管理活动。不仅组织的高层管理者、中层管理者要实施领导职能，基层管理者也要实施领导职能，他们都要做人的工作，都要重视工作中人的因素的作用。

4. 控制

控制的实质就是使实践活动符合计划的要求，计划就是控制的标准。管理者必须及时获得计划执行情况的信息，并将有关信息与计划进行比较分析，结合内外部环境的变化，找出实践活动中存在的问题，分析原因，采取有效的纠正措施。

（四）管理者分类

每个管理者都处在不同的管理岗位上，可以从不同的角度对他们进行分类。

（1）按管理者所处层次的不同，可将管理者分为高层管理者、中层管理者和基层管理者。作为管理者，无论处于组织的哪一个管理层次，其履行的管理职能都包括计划、组织、领导和控制等几个方面，只是履行职能的侧重点和程度不同。另外，即使是同一管理职能，不同层次的管理者所从事的具体管理工作的内涵也不完全相同。

（2）按管理者所处的活动领域的不同，可将管理者分为企业管理者、政府部门管理者和其他部门管理者。

（五）管理者角色

加拿大学者亨利·明茨伯格通过实证研究发现，管理者在组织中扮演着十种角色，这十种角色可被归为三大类，即人际关系角色、信息传递角色和决策制定角色，具体如表 1-1 所示。

表 1-1 管理者角色

角　色		主要管理活动
人际关系角色	挂名首脑	代表组织参加各种仪式、签署文件等，接待客人来访或学生参观实习等
	领导者	负责招聘、培训、评价、表扬、批评乃至开除下属
	联络者	负责组织内部之间、组织与外部之间的沟通和联络
信息传递角色	信息监听者	通过阅读期刊和分析报告，获取外部信息和来自下属的信息
	信息传播者	将获取的信息传递给组织中的其他成员，从而影响他们的工作态度和行为
	发言人	将信息传递给组织以外的个人
决策制定角色	企业家	关注组织内外部环境的变化，寻找机会参与决策方案的设计和选择
	干扰应对者	妥善解决各种问题或处理冲突
	资源分配者	将资源加以合理分配，以取得最好的效果
	谈判者	与供应商、客户等谈判，调解员工之间及下属部门之间的纷争

（六）管理技能

管理者在行使各种管理职能、扮演三大类管理角色时，必须具备以下三类技能：

1. 技术技能

技术技能是指管理者从事自己管理范围内的工作所需要的技术和能力。技术技能对于各层次的管理者的重要性有所不同，对基层管理者尤为重要。

2. 人际技能

人际技能又称人际关系技能，是指成功地与人打交道并与人沟通的能力，包括：联络、处理和协调组织内外人际关系的能力；激励组织内外工作人员的积极性和创造性的能力；正确地指导和指挥组织成员开展工作的能力。

3. 概念技能

概念技能是指管理者对事物进行洞察、分析、判断、抽象和概括所需要的能力。很强的概念技能为管理者识别问题的存在、制定可供选择的解决方案、选择最好的方案并付诸实施提供了便利。概念技能对于高层管理者尤为重要。

（七）组织的外部环境

组织的外部环境是指对组织的绩效产生潜在影响的外部因素，分为宏观环境和产业环境两部分。

1. 宏观环境

宏观环境又称社会大环境，是指对某一特定社会中的所有组织都产生影响的环境因素，包括经济环境、技术环境、政治和法律环境、社会文化环境和全球化环境。

（1）经济环境是指一个组织所在的国家或地区的总体经济状况，包括生产力发展水平、产业结构状况、通货膨胀状况、收入和消费水平、市场的供求状况和经济体制等。

（2）技术环境对组织的发展有着至关重要的影响。随着社会信息化和知识经济时代的到来，科学技术对组织的影响更为显著，技术的变革正在从根本上影响组织模式的变革和管理者的管理方式。

（3）政治和法律环境主要是指一个国家的政权性质和社会制度，以及国家的路线、方针、政策、法律和法规等。不同的国家有不同的政治和法律环境，不同的政治和法律环境对组织活动有不同的限制与要求。任何组织都必须使自己的行为符合国家的路线、方针、政策、法律和法规的要求，这样才能受到国家和政府的支持与保护。

（4）社会文化环境是指生活在一定社会中的人口因素（包括人口的地理分布、人口密度、年龄结构、受教育程度）以及被社会公认的价值观、信仰和行为规范。一些社会习惯和整个社会所持有的价值观，以及被人们普遍接受的行为准则构成了组织的伦理环境。如果将这些内容以法律条文的形式固定下来，其就具有法律效力。

（5）全球化环境——"地球村""全球经济一体化"等说法反映了当今世界发展的趋势。管理者的思维必须超越国界，无论是进行全球化运作的企业还是经营范围局限于国内的企业，为适应来自国外同类或相关组织高质量的产品或服务的竞争，都面临改进自己的产品或服务的压力。

2. 产业环境

产业环境又称具体环境或中观环境，是指与特定组织直接发生联系的环境因素，包括竞争对手、顾客、供应商、战略合作伙伴等。

（1）竞争对手是与组织竞争资源的其他组织。

（2）顾客是为购买组织产品或服务支付货币的个人或组织。

（3）供应商是为其他组织提供资源的组织。

（4）战略合作伙伴又称战略联盟，是指两家或更多的公司在合资公司或其他形式的伙伴关系中共同工作。

（八）组织的内部环境

组织的内部环境是指组织拥有的资源条件，由组织内部的物质环境和文化环境构成。

（1）组织内部的物质环境是指组织所拥有的各种资源，主要包括组织的人力资源、物力资源、财力资源、技术资源等。

（2）组织内部的文化环境至少有两个层面的内容：组织的制度文化和精神文化。组织文化是组织在长期的实践活动中形成的、为组织成员普遍认可和遵循的、具有本组织特色的价值观、团体意识、行为规范和思维模式的总和。组织文化影响计划、组织、领导和控制等各项管理职能的实施方式。因此，培育适当的组织文化是非常必要的。

（九）组织环境的不确定性及对组织环境的管理

组织环境的不确定性是指组织环境的复杂程度和变化程度。组织环境中的要素数量以及组织所拥有的与这些要素相关的知识广度形成了组织环境的复杂程度。

组织环境的高度不确定性极大地影响组织的兴衰存亡，因此组织的管理者必须通过自己的主动影响，将环境的不确定性尽可能地降低。

管理者提高管理组织环境能力的方法主要包括：

（1）创设一种组织机构和控制系统，让组织内所有的管理者分别负责一些具体的环境因素。

（2）充分利用互联网技术。比如，在分销方面，利用互联网可以向潜在的消费者推介新产品或现有产品信息。

四、自测练习

（一）单项选择

1. 管理的首要职能是（　　）。
   A. 计划　　　　　　B. 控制　　　　　　C. 协调　　　　　　D. 指挥
2. 下列选项中，（　　）属于管理的对象。
   A. 组织资源和组织目标　　　　　　B. 组织资源和组织活动
   C. 组织目标和组织活动　　　　　　D. 组织中的人
3. "管理就是决策"是（　　）的观点。
   A. 弗雷德里克·泰罗　　　　　　B. 亨利·法约尔

C. 赫伯特·西蒙　　　　　　　　　　　D. 马克斯·韦伯
4. "凡事预则立，不预则废"说的是（　　）的重要性。
　　A. 组织　　　　B. 预测　　　　C. 预防　　　　D. 计划
5. 人们常说"管理是一门艺术"，强调的是（　　）。
　　A. 管理的实践性　　　　　　　　　　B. 管理的复杂性
　　C. 管理的科学性　　　　　　　　　　D. 管理的变动性
6. 组织是管理的一项重要职能，它是由（　　）三个基本要素构成的。
　　A. 目标、原则和结构　　　　　　　　B. 目标、部门和效率
　　C. 目标、部门和关系　　　　　　　　D. 目标、部门和人员
7. 为了保证计划目标得以实现，需要有控制职能。控制的实质就是使（　　）。
　　A. 实践活动符合计划的要求　　　　　B. 计划接近实际活动
　　C. 实践活动具有指标约束　　　　　　D. 计划得以严格执行
8. 就管理的职能而言，法约尔认为，（　　）。
　　A. 管理就是执行计划、组织、指挥、协调和控制
　　B. 管理就是确切地知道要别人做什么，并指导他们用最好、最经济的方法去做
　　C. 管理就是决策
　　D. 管理就是经由他人去完成一定的工作
9. 当管理者代表组织参加各种仪式、签署文件等，或接待客人来访或学生参观实习等社会活动时，他扮演的是（　　）角色。
　　A. 发言人　　　　　　　　　　　　　B. 联络者
　　C. 领导者　　　　　　　　　　　　　D. 挂名首脑
10. 对于基层管理者来说，具备良好的（　　）是最为重要的。
　　A. 人际技能　　B. 概念技能　　C. 技术技能　　D. 管理技能
11. 对于高层管理者来说，具备良好的（　　）是最为重要的。
　　A. 人际技能　　B. 概念技能　　C. 技术技能　　D. 管理技能

（二）多项选择
1. 管理作为一种特殊的实践活动，具有独特的性质，如（　　）。
　　A. 管理的二重性　　　　　　　　　　B. 管理的科学性
　　C. 管理的艺术性　　　　　　　　　　D. 管理的时效性
2. 根据管理的二重性原理，与自然属性相联系的是（　　）。
　　A. 生产力　　　　　　　　　　　　　B. 生产关系
　　C. 社会化大生产　　　　　　　　　　D. 社会制度
3. 明茨伯格通过实证研究发现，管理者在组织中扮演着十种角色，这些角色被归为三大类，即（　　）。
　　A. 人际关系角色　　　　　　　　　　B. 组织人事角色

C. 信息传递角色 D. 决策制定角色
4. 下列选项中，（　　）属于管理者所扮演的决策制定角色。
　　A. 企业家 B. 干扰应对者
　　C. 资源分配者 D. 谈判者
5. 管理者在行使各种管理职能、扮演三大类管理者角色时，必须具备的技能有（　　）。
　　A. 信息技能　　　B. 技术技能　　　C. 人际技能　　　D. 概念技能
6. 对某一特定社会中的所有组织都产生影响的环境因素就是宏观环境，它主要包括（　　）。
　　A. 技术环境 B. 政治和法律环境
　　C. 经济环境 D. 社会文化环境
7. 组织内部的物质环境是指组织所拥有的各种资源，主要包括（　　）等。
　　A. 人力资源　　　B. 物力资源　　　C. 财力资源　　　D. 技术资源
8. 组织的外部环境是指对组织的绩效产生潜在影响的外部因素，分为（　　）。
　　A. 宏观环境　　　B. 产业环境　　　C. 物质环境　　　D. 文化环境

（三）判断正误
1. 管理的艺术性就是强调管理的复杂性。（　　）
2. 管理是有意识、有组织的群体活动，是一个动态的协调过程。（　　）
3. 事先对未来行为所做的规划和安排就是预测，它是人们有意识的活动。（　　）
4. 控制的实质就是使实践活动符合计划的要求，计划为控制提供标准。（　　）
5. 从主教材中给"管理"所下的定义，我们可以得出这样的结论：管理的对象就是组织的各种资源。（　　）
6. 组织是由三个基本要素构成的，即目标、结构和关系。（　　）
7. 处于不同层次的管理者，其履行的管理职能是不同的。（　　）
8. 即使是同一管理职能，不同层次的管理者所从事的具体管理工作的内涵也不完全相同。（　　）
9. 管理者扮演干扰应对者角色就是要协调好组织与外部环境因素的关系。（　　）
10. 人际技能是指成功地与人打交道并与人沟通的能力。人际技能对各层次的管理者同等重要。（　　）

（四）名词解释
1. 管理
2. 技术技能
3. 人际技能
4. 概念技能

五、模拟实训

项目： 走访一家组织及其管理者

要求： 选择一家企业、医院、政府机关或一所学校等，与管理者进行交谈，观察并了解以下问题：

1. 他所属的管理层次。
2. 他在组织中担任的职务。
3. 他管理的下属的数量。
4. 他认为胜任其工作所需的技能。
5. 观察他如何安排一天的工作，并记录下来。

六、案例讨论

案例 1-1　升任公司总裁后的思考

郭宁最近被一家生产机电产品的公司聘为总裁。在就任此职位的前一天晚上，他不禁回忆起自己在该公司工作 20 多年的情况。

郭宁在大学学的是工业管理专业，毕业后就到该公司工作，最初担任液压装配部门的助理监督。开始时，他每天手忙脚乱，经过努力学习和在监督长的帮助下，他最终胜任了此项工作。经过半年多的努力，他已有能力胜任液压装配部门的监督长工作。可是，当时公司没有提升他为监督长，而是直接提升他为装配部经理，负责包括液压装配部门在内的四个装配单位的领导工作。

在担任助理监督时，郭宁主要关心的是每日的作业管理，该工作的技术性很强。担任装配部经理时，郭宁发现自己不仅要关心当天的装配工作状况，而且要做出此后数周乃至数月的规划，同时还要完成很多报告和参加很多会议，因而没有多少时间去从事技术工作。在担任装配部经理后不久，他就发现原有的装配工作手册已经过时，于是花了整整一年时间去修订装配工作手册。由于该公司的生产工艺频繁发生变化，所以装配工作手册不得不经常需要修订，郭宁每次都能很出色地完成这项任务。几年后，他将这些工作交给助手，以便能腾出更多的时间来规划工作和帮助下属更好地完成工作，花更多的时间去参加会议、批阅报告和向上级汇报。

在担任装配部经理 6 年之后，由于公司负责规划工作的副总裁辞职，郭宁便主动申请担任这一职务。在与另外 5 名竞聘者竞争之后，郭宁被提升为负责规划工作的副总裁。他相信自己拥有担任这一职务的能力。但由于该职务工作的复杂性，他刚上任时便遇到了不少麻烦。经过努力，他渐渐适应了这个职位，并做出了一些成绩。之后，他又被提升为负责生产工作的副总裁，这一职位通常是由公司资历最老、辈分最高的副总裁担任的。现在，郭宁又被聘为公司总裁。他知道，作为公司的最高管理者，他相信自己有能力处理可能出现的任何情况，但也明白自己尚未达到这样的水平。想到第二天就要上任，也不知道今后数月的情况会怎么样，他心里不免有点儿担忧。

问题：

1. 你认为郭宁当上公司总裁后，他的管理职责与过去相比发生了哪些变化？他应当如何适应这些变化？

2. 你认为郭宁要胜任公司总裁的工作，哪些管理技能是最重要的？你觉得他具备这些管理技能吗？试加以分析。

3. 如果你是郭宁，你认为当上公司总裁后应该如何努力，才能使公司取得更好的绩效？

案例1-2 环境因素对海滨宾馆的影响

海滨宾馆位于青岛市的一个度假村内，几十年来，一直以鲜美的海鲜和良好的设施吸引游客。近年来，海滨宾馆的业务几乎没有扩张，利润在下降，宾馆建筑也出现衰败迹象。海滨宾馆有24间客房、1间能容纳60人的餐厅、1间供80人使用的会议室、1间面向大海的酒吧，配套有2个娱乐场和1个儿童娱乐场。

在财务方面，海滨宾馆上一年度的营业额仅为560万元。就客房数量而言，这个数字表明宾馆收益平平。海滨宾馆的营业额由以下几部分组成：饮食收入（占42%）、住房收入（占16%）、饮料收入（占28%）和其他收入（占14%）。可以看出，饮食收入是海滨宾馆营业额的主要来源，许多附近旅馆的游客也常来这里就餐，甚至有些客人从10公里外的地方赶过来。

除了海滨宾馆，度假村里还有2家宾馆。这2家宾馆建筑新，规模也比海滨宾馆大，经营效益非常好。

青岛地区气候温和，每年的5—10月是旅游旺季。海滨宾馆虽然常年营业，但每年11月到翌年4月很少有游客入住。

问题：

1. 影响海滨宾馆的环境因素有哪些？
2. 海滨宾馆应该如何应对所面临的状况？

第二章 管理理论的形成与发展

除夕吃年夜饺子是每个中国人都非常熟悉的习俗。除夕，一家人围坐在一起。家庭子女多的，形成自然分工：老大和面，老二拌馅，老三擀皮，父母包饺子。由于分工明确，包饺子的效率非常高，大家很快就能把饺子全部包好。一家人吃着热腾腾的饺子，一起等待新年的到来。

看似简单的包饺子行为中其实蕴含着深刻的管理思想，父母在不知不觉中充当着管理者角色。通过他们对资源（如面、馅、孩子等）的合理配置，包饺子行为得以顺利进行。由此可见，管理思想早已深深地根植于人们的日常生活中。管理理论就是这样随着人类组织活动的产生而产生，并随着人类组织活动规模的扩大而不断发展与完善的。

本章按照管理理论产生的时间顺序，从管理理论的萌芽讲起，接着介绍古典管理理论、行为科学理论和现代管理理论，最后介绍管理理论的新发展。

一、学习进度及学时安排

请在第 2~3 周完成本章内容的学习,至少安排 7 课时的学习时间。

二、本章知识地图

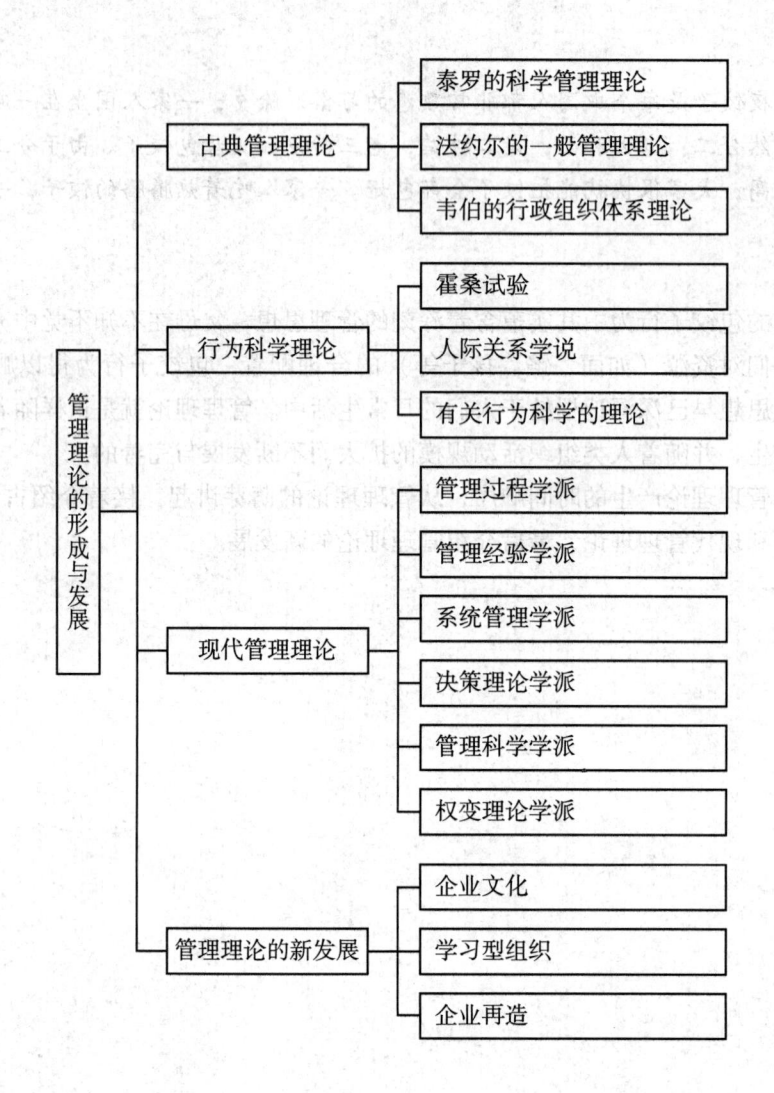

```
                    ┌─ 古典管理理论 ──┬─ 泰罗的科学管理理论
                    │                ├─ 法约尔的一般管理理论
                    │                └─ 韦伯的行政组织体系理论
                    │
                    ├─ 行为科学理论 ──┬─ 霍桑试验
                    │                ├─ 人际关系学说
管理理论的形成与发展 │                └─ 有关行为科学的理论
                    │
                    ├─ 现代管理理论 ──┬─ 管理过程学派
                    │                ├─ 管理经验学派
                    │                ├─ 系统管理学派
                    │                ├─ 决策理论学派
                    │                ├─ 管理科学学派
                    │                └─ 权变理论学派
                    │
                    └─ 管理理论的新发展 ┬─ 企业文化
                                       ├─ 学习型组织
                                       └─ 企业再造
```

三、内容提要

(一)泰罗的科学管理理论

弗雷德里克·泰罗通过长期的管理实践,总结出一些管理原理和方法,将它们系统化,形成了科学管理理论。他的代表作有《科学管理原理》等。泰罗被后世称为"科学管理之父"。

1. 科学管理的中心问题是提高劳动生产率

提高劳动生产率是泰罗创建科学管理理论的基本出发点，是科学管理的中心问题，也是确定各种科学管理原理、方法的基础。

2. 实行标准化管理

要使工人掌握标准化的操作方法，使用标准化的工具、机器和材料，并使作业环境标准化。

3. 实行有差别的计件工资制

按照作业标准和工作定额，规定不同的工资率。

4. 将计划职能与执行职能分开

为了提高劳动生产率，泰罗主张把计划职能与执行职能分开。泰罗的计划职能实际上就是管理职能，执行职能则是工人的劳动职能。

5. 实行职能工长制

将整个管理工作划分为许多较小的管理职能，使所有的管理人员（如工长）尽量承担较少的管理职能。如有可能，一个管理人员只承担一项管理职能。

6. 在管理上实行例外原则

泰罗指出，规模较大的企业不能只依据职能原则来进行管理，还需要实行例外原则，即企业的高级管理人员把处理一般事务的权限下放给下级管理人员，自己只保留对例外事项的决策权和监督权。

泰罗的科学管理理论的影响是广泛而深远的。科学管理促进了当时工厂管理的普遍改革，由于科学管理方法逐步代替了单凭经验的管理方法，并形成了一套管理制度，从而使得美国一些主要企业得以长期发展。

（二）法约尔的一般管理理论

亨利·法约尔是西方古典管理理论在法国的杰出代表。他在泰罗的科学管理理论的基础上，进一步充实和明确了管理的概念。他认为，企业的经营有六项不同的活动，管理只是其中的一项。这六项活动是技术活动、商业活动、财务活动、安全活动、会计活动和管理活动。法约尔认为，在这六项活动中，管理活动处于核心地位。

法约尔第一次对管理的职能做了明确的划分，第一次对管理要素进行了分析，使其形成了一个完整的管理过程，因此他被称为管理过程学派的创始人。他十分重视管理原则的系统化，努力探求确立企业良好的工作秩序的管理原则。他根据自己长期的管理经验，提炼出管理的十四项原则。

法约尔的代表作是《工业管理和一般管理》。法约尔被誉为"经营管理之父"，与"科学管理之父"泰罗齐名。

（三）韦伯的行政组织体系理论

马克斯·韦伯是德国著名社会学家、经济学家和西方古典管理理论在德国的代表人物。他对管理理论的贡献主要是提出了理想的行政组织体系理论，他的代表作是《社会组织与经济组织理论》。由于韦伯是最早提出一套比较完整的行政组织体系理论的人，他被后世称为"组织理论之父"。

韦伯指出，任何组织都必须以某种形式的权力作为基础，才能实现目标。他认为，组织中存在三种纯粹形态的权力：传统的权力、超凡的权力、理性-合法的权力。在这三种纯粹形态的权力中，只有理性-合法的权力才适宜作为理想的行政组织体系理论的基础，才是最符合理性原则的、高效率的一种组织结构形式。

（四）行为科学理论

1. 梅奥及霍桑试验

乔治·梅奥是美国管理学家，他对古典管理理论做了重要的补充并促使该理论得到发展。

20世纪二三十年代，美国国家研究委员会和美国西方电气公司合作进行有关工作条件、社会因素与生产效率之间关系的试验。由于该项试验是在美国西方电气公司的霍桑工厂进行的，因此后人称之为霍桑试验。

霍桑试验分为工厂照明试验、继电器装配试验、谈话研究、观察试验四个阶段。

梅奥等通过上述试验得出结论：生产效率不仅受到物理、生理因素的影响，而且受到社会环境、心理因素的影响。

2. 人际关系学说

在霍桑试验的基础上，梅奥创立了人际关系学说。人际关系学说的主要内容如下：

（1）人是"社会人"。人际关系学说强调，金钱并非激发员工积极性的唯一因素，人与人之间的友情、安全感、归属感等社会欲望和心理欲望的满足也是非常重要的因素。

（2）满足员工的社会欲望、提高员工的士气是提高生产效率的关键。

（3）企业中存在"非正式组织"。"非正式组织"与"正式组织"相互依存，对生产效率的提高有很大的影响。

人际关系学说的出现，开辟了管理理论研究的新领域，弥补了古典管理理论忽视人的因素的不足。同时，人际关系学说也为日后行为科学理论的发展奠定了基础。

（五）现代管理理论

第二次世界大战后，科学技术飞速发展，生产社会化程度日益提高，这引起了人们对管理理论的普遍重视，管理思想得到丰富和发展，出现了许多新的管理理论和管理学说，形成了众多的学派。这些理论和学派在历史渊源与内容上相互影响、相互联系，形成了盘根错节、争相竞荣的局面。这一现象被美国著名管理学家哈罗德·孔茨称为"管理理论的丛林"。

1. 管理过程学派

管理过程学派的创始人是亨利·约法尔。管理过程学派的主要特点是把管理学说与管理职能联系起来。他们认为，无论什么性质的组织，管理职能都是共同的。法约尔认为，管理职能有五种，即计划、组织、指挥、协调和控制，这五种职能构成了一个完整的管理过程；管理职能具有普遍性，即各层次管理人员都执行管理职能，只是侧重点不同。

2. 管理经验学派

管理经验学派的代表人物是彼得·德鲁克和欧内斯特·戴尔。管理经验学派主张通过分析管理经验（案例）来研究管理学问题。通过分析、比较、研究各种各样成功的和失败的管理经验（案例），就可以抽象出某些一般性的管理结论或管理原理，有助于学生或从事实际工作的管理人员学习和理解管理学理论，使他们更有效地从事管理工作。

3. 系统管理学派

系统管理学派的主要代表人物是弗里蒙特·卡斯特和詹姆斯·罗森茨韦克。系统管理学派认为，组织是一个由相互联系的若干要素组成、为环境所影响并反过来影响环境的开放的社会技术系统。它由目标和价值、结构、技术、社会心理、管理等分系统组成，必须以整个组织系统为管理研究的出发点，并综合运用各个学派的知识，研究一切主要的分系统及其相互关系。

4. 决策理论学派

决策理论学派的主要代表人物是赫伯特·西蒙。决策理论学派认为，管理就是决策。管理活动的全过程就是决策的过程，管理是以决策为特征的；决策是管理人员的主要任务，管理人员应该集中研究决策问题。

5. 管理科学学派

管理科学学派形成于第二次世界大战期间。管理科学学派主张运用数学符号与公式进行决策和解决管理问题，找出最佳方案，实现组织目标；经营管理是管理科学在管理中的运用；信息情报系统就是由计算机控制的、向管理人员提供信息情报的系统。

6. 权变理论学派

权变理论出现于20世纪70年代。权变理论学派认为，由于组织内部各部分之间的相互作用和外部环境的影响，组织的管理并没有绝对正确的方法，也不存在普遍适用的理论，任何理论和方法都不见得绝对有效，也不见得绝对无效，采用哪种理论和方法，要视组织的实际情况和所处的环境而定。

（六）管理理论的新发展

20世纪80年代以来，西方管理学界出现了许多新的管理理论，这些理论代表了管理理论发展的新趋势。

1. 企业文化

企业文化是指一定历史条件下，企业在生产经营和管理活动中所创造的、具有本企业特色的精神财富及其物质形态。它由三个部分组成：精神文化、物质文化和制度文化，如图2-1所示。

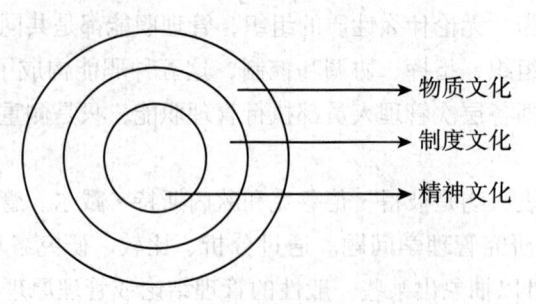

图2-1 企业文化的组成部分

20世纪70年代末80年代初，美国学术界在研究中逐渐认识到，日本之所以能在第二次世界大战后的一片废墟上迅速发展起来，起主导和关键作用的是日本企业形成并充分利用了自己独特的企业文化。这种企业文化使企业很好地顺应了国内、国际社会的变化和发展，在企业内部形成了巨大的凝聚力和极强的竞争力。

企业文化是企业生存的基础、发展的动力、行为的准则和成功的核心。从20世纪70年代末开始，企业文化就成为勃兴于美国、风靡于世界的一种新的企业管理思潮。

2. 学习型组织

1990年，美国麻省理工学院斯隆管理学院教授彼得·圣吉出版了他的享誉世界之作——《第五项修炼——学习型组织的艺术与实务》，在世界管理学界引起轰动。从此，创建学习型组织、进行五项修炼成为管理理论与实践的热点。

圣吉提出了学习型组织的五项修炼技能：

（1）系统思考。系统思考是为了看见事物的整体。进行系统思考，一是要有系统的观点，二是要有动态的观点。

（2）超越自我。超越自我既是指组织要超越自我，又是指组织中的个人要超越自我。

（3）改变心智模式。不同的人对同一事物的看法不同，原因是心智模式不同。

（4）建立共同愿景。愿景是指对未来的愿望、景象和意象。组织一旦建立了共同愿景，即建立了全体员工共同认可的目标，就能充分发挥个人的作用。

（5）团队学习。团队学习是发展员工与团体的合作关系，使每个人的力量通过集体得到充分体现。团队学习的目的，一是避免无效的矛盾和冲突，二是让个人的智慧成为集体的智慧。

3. 企业再造

企业再造又称业务流程重组，是20世纪80年代末90年代初发展起来的一种管理理论。

企业再造的目的是提高企业的竞争力，从业务流程上保证企业能以最低的成本，为顾客提供高质量的产品和优质的服务。

企业再造的实施方法：以先进的信息系统和信息技术为手段，以顾客的中长期需要为目标，通过最大限度地减少对产品增值无实质作用的环节和过程，建立科学的组织结构和业务流程，使产品的质量和规模发生质的变化。

企业再造的基本内容：首先以企业生产作业或服务作业的流程为审视对象，从多个角度重新审视其功能、作用、效率、成本、速度、可靠性、准确性，找出不合理的因素；然后以效率和效益为中心，对生产作业流程或服务作业流程进行重新构造，最终达到业绩上质的突破和飞跃。

四、自测练习

（一）单项选择

1. 最早研究专业化和劳动分工的经济学家是（　　）。
   A. 亚当·斯密　　　　　　　　　　B. 查尔斯·巴比奇
   C. 弗雷德里克·泰罗　　　　　　　D. 大卫·李嘉图

2. 19世纪末20世纪初，在一些西方国家产生了科学管理思想，形成了各具特色的古典管理理论，泰罗创立的（　　）就是其中之一。
   A. 科学管理理论　　　　　　　　　B. 一般管理理论
   C. 行政管理理论　　　　　　　　　D. 行政组织体系理论

3. 泰罗科学管理的中心问题是（　　）。
   A. 科学技术　　　　　　　　　　　B. 加强人的管理
   C. 提高劳动生产率　　　　　　　　D. 增强责任感

4. 被后世称为"组织理论之父"的管理学家是（　　）。
   A. 乔治·梅奥　　　　　　　　　　B. 弗雷德里克·泰罗
   C. 亨利·法约尔　　　　　　　　　D. 马克斯·韦伯

5. "管理的十四项原则"是由（　　）提出来的。
   A. 马克斯·韦伯　　　　　　　　　B. 亨利·法约尔
   C. 乔治·梅奥　　　　　　　　　　D. 弗雷德里克·泰罗

6. 亨利·法约尔是西方古典管理理论在法国的杰出代表，其代表作是《工业管理和一般管理》，他被誉为（　　）。
   A. "工业管理之父"　　　　　　　　B. "科学管理之父"
   C. "经营管理之父"　　　　　　　　D. "行政管理之父"

7. 古典管理理论对人性的基本假设，认为人是（　　）。
   A. "复杂人"　　B. "经济人"　　C. "社会人"　　D. "单纯人"

8. 在企业中存在"正式组织"与"非正式组织"，"正式组织"与"非正式组织"的一个重大区别就是,"正式组织"以( )为重要标准。

　　A. 感情的逻辑　　　　　　　　　　B. 正规的程序
　　C. 科学的理念　　　　　　　　　　D. 效率的逻辑

9. 理想的行政组织体系理论是马克斯·韦伯提出来的,其中"理想的"是指现代社会( )组织形式。

　　A. 最有效、最合理的　　　　　　　B. 最符合需要的
　　C. 最经济、最合理的　　　　　　　D. 最先进、最科学的

10. 管理科学学派所运用的科学技术来源于( )。

　　A. 科研部门　　　B. 军队　　　　C. 学校　　　　D. 企业

11. 日本之所以能在第二次世界大战后的一片废墟上迅速发展起来,起主导和关键作用的是日本企业( )。

　　A. 形成并充分利用了自己独特的企业文化　　B. 先进的制度
　　C. 充分利用了企业战略管理　　　　　　　　D. 进行了企业再造

12. 企业再造的目的是提高企业的竞争力,从( )上保证企业能以最低的成本,为顾客提供高质量的产品和优质的服务。

　　A. 业务流程　　　B. 生产管理　　　C. 作业管理　　　D. 操作规程

(二)多项选择

1. 古典管理理论的代表人物主要有( )。

　　A. 塞缪尔·纽曼　　　　　　　　　B. 弗雷德里克·泰罗
　　C. 亨利·法约尔　　　　　　　　　D. 马克斯·韦伯

2. 人际关系学说的主要内容包括( )。

　　A. 人是"社会人"
　　B. 企业中存在"非正式组织"
　　C. 提高生产效率的关键是满足员工的社会欲望、提高员工的士气
　　D. 科学管理方法可以提高效率

3. 马克斯·韦伯指出,任何组织都必须以某种形式的权力作为基础,才能实现目标。他认为,组织中存在三种纯粹形态的权力,即( )。

　　A. 传统的权力　　　　　　　　　　B. 理性-合法的权力
　　C. 纯粹的权力　　　　　　　　　　D. 超凡的权力

4. 企业文化是企业在长期的生产经营和管理活动中形成的,它由( )三个部分组成。

　　A. 精神文化　　　B. 传统文化　　　C. 制度文化　　　D. 物质文化

5. 1990年,美国麻省理工学院斯隆管理学院教授彼得·圣吉出版了他的享誉世界之作——《第五项修炼——学习型组织的艺术与实务》。下列选项中,( )是学习型组织的修炼技能。

A. 系统思考 B. 改变心智模式
C. 超越自我 D. 建立共同愿景

6. 物质文化是企业文化外在形象的具体体现，是呈物质形态的（ ）。
A. 产品设计 B. 产品质量 C. 厂容厂貌 D. 员工服饰

（三）判断正误

1. 泰罗的科学管理理论既重视技术因素，也重视人的社会因素。（ ）

2. 正式组织是指为了实现组织的总目标所规定的组织成员之间个人感情关系的一种结构，它以效率的逻辑为重要标准。（ ）

3. 权变理论学派认为，组织的管理并没有绝对正确的方法，也不存在普遍适用的理论，任何理论和方法都不见得绝对有效，也不见得绝对无效，采用哪种理论和方法，要视组织的实际情况和所处的环境而定。（ ）

4. 19世纪末20世纪初，欧洲和美国相继有人提出比较系统的管理理论，比如，在美国表现为泰罗创立的科学管理理论，在法国表现为法约尔创立的行政管理理论。（ ）

5. 法约尔是西方古典管理理论在法国的杰出代表。他提出的一般管理理论对西方管理理论的发展有重大的影响，他被誉为"一般管理理论之父"。（ ）

6. 古典管理理论将人当成"经济人"，研究行为科学的管理学家提出了"社会人"的观点。（ ）

7. 梅奥认为，在共同的工作过程中，人们相互之间必然发生联系，产生感情，形成一种行为准则或惯例，这就形成了正式组织。（ ）

8. 圣吉教授认为，不同的人对同一事物的看法不同，原因是他们的行为模式不同。（ ）

9. "正式组织"与"非正式组织"的区别在于，"非正式组织"以效率的逻辑为重要标准。（ ）

10. 管理是随着人类社会的产生而产生的，在原始社会是不存在管理的。（ ）

（四）名词解释

1. 霍桑试验
2. 行为科学
3. "管理理论的丛林"
4. 企业文化

五、模拟实训

项目：查阅资料并进行评论

要求：通过上网、去图书馆等各种途径，查询一篇有关管理理论与管理方法的文章，完成下列任务：

1. 为该文章撰写摘要。
2. 列出该文章中的主要观点。
3. 分析该文章中有关管理理论与管理方法的贡献和局限。

六、案例讨论

案例2-1 海底捞"善解人性"的企业内部文化管理

1994年,张勇和三个好朋友在家乡简阳开了一家简陋的、只有四张桌子的袖珍火锅店——海底捞火锅。

起初,火锅店的生意并不好。刚刚转行的张勇不会做火锅,甚至连底料都不会炒。但是他用心探索,创建了一套独有的服务流程。顾客逐渐认可了海底捞,客流量越来越大。

海底捞的服务从顾客进店开始,包括迎宾环节、进店落座、就餐过程中、就餐结束后,把服务做在顾客要求之前。例如,贴心地为戴眼镜的顾客送眼镜布;看到顾客披着头发吃火锅不方便,会送上一个橡皮筋;遇到顾客过生日,会给顾客准备一份意外的惊喜;顾客单独就餐时,会在其对面的餐椅上摆放一只小熊,以防顾客孤独就餐;等等。经过20多年的悉心经营,海底捞将服务做到极致,海底捞的店铺遍布全世界。

张勇不仅对顾客用心,更是把员工当作自己的家人,无微不至地关心他们的衣、食、住、行。海底捞员工住的是正规宿舍,房间里配备有空调、暖气、电视、电话,以及免费宽带。租房标准是员工可以在20分钟内步行到工作地点。公司还雇人打扫宿舍卫生、换洗被单。张勇在简阳建了寄宿学校,解决员工子女的上学问题,因为海底捞1/3的员工来自四川。张勇始终将员工当作"家人",而"家人"之间不仅有亲情,更需要信任。因此,海底捞的一线员工都有免单权,不论什么原因,只要员工认为有必要,就可以为顾客免费送一些菜,甚至免掉一餐的费用。而在其他餐厅,这种权力只有经理级别的管理人员才会有。张勇对员工的信任换来了员工的责任和担当。海底捞的晋升机制没有学历要求,所有的管理人员都是从一线晋升上来的。因此,在海底捞,所有员工都有希望实现自己的理想和价值。

截至2019年上半年,海底捞已在中国118个城市,以及新加坡、韩国、日本、美国、加拿大、英国、越南、马来西亚、澳大利亚等国家经营593家直营门店,拥有4 380万名会员、88 378名员工。

(资料来源:国家开放大学2019年工商管理案例设计与分析大赛湖北分部参赛作品,作者:谭永庆、罗平、李月雷,指导教师:张静。引用时有改动)

问题:
1. 什么是企业文化?它在企业管理过程中起怎样的作用?
2. 请结合案例谈谈海底捞创造经营管理奇迹的原因。

案例 2-2 得利斯集团学习型组织的创建

得利斯集团总裁郑和平酷爱读书，每每看到精彩的文章，他都要推荐给员工。一次，某杂志"名牌列传"专栏刊载的一篇文章《"同仁"最是真》引起了郑和平的共鸣，他一连在15处文字下画了着重号。这些文字集中反映了以下内容：做精品要严格规范、精益求精；做事要兢兢业业、埋头苦干；做人要认认真真、实实在在……郑和平认为，同仁堂制造的药品、得利斯生产的食品都是入口的东西，关系到人们的身体健康，两者有很多相似之处。

郑和平之所以向全体员工推荐这篇文章，主要是希望它能对全体员工有所启示。他在批语中这样写道：同仁堂制造的药，得利斯生产的食品，都是入口的东西，但愿这篇文章能给我们的员工一点儿启示！

问题：
1. 你对得利斯集团总裁推荐文章给员工的做法是否赞同？
2. 得利斯集团总裁鼓励全体员工学习的做法能让你联想到哪种管理思想？

第三章　计划工作

在一个庄园里生活着许多动物。最近，受人类的影响，这里也兴起了房地产热，猪、牛、鸡、鸭等纷纷成立了房地产公司。

庄园里有两头猪：理性猪与感性猪。兄弟俩不甘落后，也做起了房地产。它们各自组建了一家房地产公司，分别培养了一支理性的和感性的职业经理猪队伍。同时，它们还约定：以两年为限，看谁的公司做得大、钱赚得多。

理性猪做事向来严谨务实，它心想，公司要做大、做强，要取得高效益，必须有一套完整的计划。有了明确的计划，公司的发展才有目标与方向。它和公司内的其他成员通过市场调查与分析，了解客户的需求，结合本公司的实际，确立了公司的计划体系，包括长期计划、中期计划和短期计划。同时，公司内部还建立了一套激励制度，重奖当月为销售做出重大贡献的员工。公司内人人有计划、人人有目标，大家各司其职，推动公司朝既定的目标迈进。

感性猪做事一贯凭感觉，靠着一腔热血，想到哪儿做到哪儿。豪华别墅、普通住宅、经济适用房，什么赚钱，它就建什么。

两年过去了，比赛的结果是，感性猪公司的业绩不及理性猪公司业绩的一半。感性猪到理性猪的公司去考察，发现理性猪的公司制度完善，计划明确且灵活，虽然员工数量比自己公司少，但开发的楼盘比自己公司多。产品不算最好的，但其符合客户的需求，所以销路很好。

感性猪明白了，原来做事情不能仅凭感觉，要有科学的计划，有了计划，行动才有依据，才有方向，才能取得成功。

我们知道，组织中的任何一项管理活动都需要按计划执行，否则就是盲目的行动，组织目标也难以实现。理性猪的企业由于有灵活的、与环境相适应的计划，经营活动有据可依，所以取得了较好的效益。因此，计划是任何一个组织实现有效管理的首要职能和工具。

本章将介绍计划与计划工作的有关问题，如计划工作的含义、计划的类型、计划工作的程序和计划工作的一般方法等。其中，计划工作的程序是学习的重点，计划工作的一般方法是学习的难点。

一、学习进度及学时安排

请在第 4 周完成本章内容的学习,至少安排 6 课时的学习时间。

二、本章知识地图

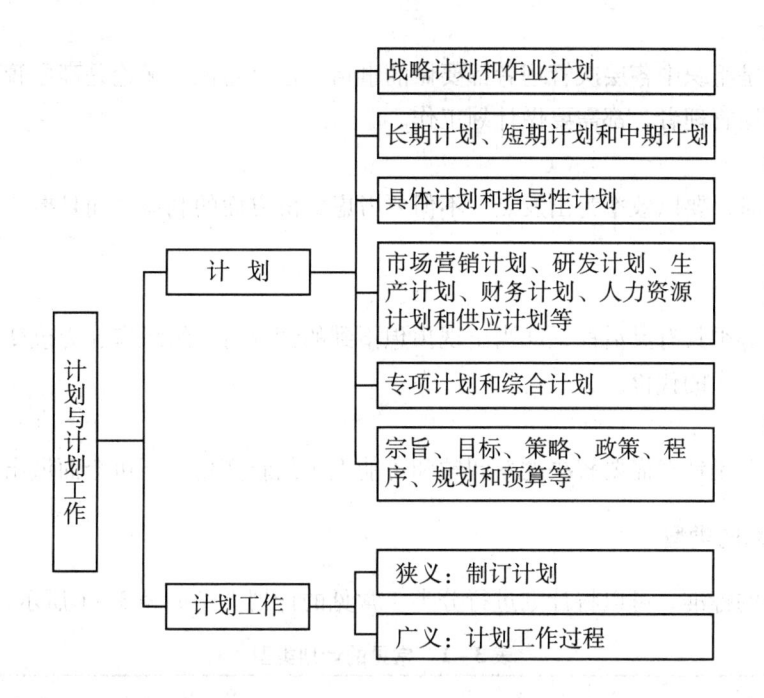

```
                              ┌── 战略计划和作业计划
                              ├── 长期计划、短期计划和中期计划
                              ├── 具体计划和指导性计划
                   ┌── 计 划 ──┤── 市场营销计划、研发计划、生
                   │          │   产计划、财务计划、人力资源
计划与计划工作 ──┤          │   计划和供应计划等
                   │          ├── 专项计划和综合计划
                   │          └── 宗旨、目标、策略、政策、程
                   │              序、规划和预算等
                   └── 计划工作 ──┬── 狭义:制订计划
                                  └── 广义:计划工作过程
```

三、内容提要

(一)计划工作的含义

在汉语中,"计划"既可以做名词,也可以做动词。做名词的计划,是指用文字和指标等形式描述的、组织在未来时期所要实现的目标,简言之,就是计划书。作为动词的计划,是指为实现组织目标,预先进行的行动安排,即通常所说的"计划工作"。

计划工作有广义和狭义之分。广义的计划工作是指包括制订计划、执行计划和检查计划执行情况三个环节在内的工作过程。狭义的计划工作主要是指制订计划。

（二）计划工作的性质

1. 目的性

每一个计划及其派生计划的设计都是为了促进战略和一定时期内目标的实现。

2. 主导性

计划工作在管理的各种职能中处于主导地位，并且贯穿管理工作的全过程，组织、人事、领导和控制等工作都是围绕计划工作展开的。

3. 普遍性

计划工作是组织中各层次管理者都要做的事情。也就是说，无论是高层管理者，还是中层管理者、基层管理者，都需要做计划工作。

4. 效率性

制订计划时，要以效率为出发点，不但要考虑经济方面的利益，而且要考虑非经济方面的利益或损耗。

5. 灵活性

计划工作必须具有灵活性，即当出现预想不到的情况时，组织有能力改变原来确定的方向且不必付出太大的代价。

6. 创造性

计划工作总是针对需要解决的新问题和可能发生的新变化、新机会而做出决策。

（三）计划的类型

按照不同的标准，可以将计划进行分类。常见的计划类型如表3-1所示。

表3-1 常见的计划类型

分类标准	类型
按计划的广度	战略计划和作业计划
按计划覆盖的时间跨度	长期计划、短期计划和中期计划
按计划的明确性	具体计划和指导性计划
按组织管理职能	市场营销计划、研发计划、生产计划、财务计划、人力资源计划、供应计划等
按计划内容	专项计划和综合计划
按计划内容的表现形式	宗旨、目标、策略、政策、程序、规划、预算等

（四）计划工作的程序

完整的计划工作应包括以下几个步骤：机会分析、确定目标、明确计划的前提条件、提出可供选择的方案、评价各种备选方案、选择方案、计划分解、编制预算，如图3-1所示。

```
机会分析          确定目标           明确计划的        提出可供
外部环境    →    什么是组织    →    前提条件    →    选择的方案
内部条件          的发展方向?        在什么样的        实现目标的
优势劣势          有哪些目标?        环境下实施        方案可以有
                                    计划?            许多个

编制预算          计划分解           选择方案          评价各种
将计划转化   ←   将各项计划    ←   选出最满意   ←   备选方案
为预算,使        进行分派并         的方案            根据方案的
计划定量化        落实                                 优缺点进行
                                                      评价
```

图 3 – 1　计划工作的程序

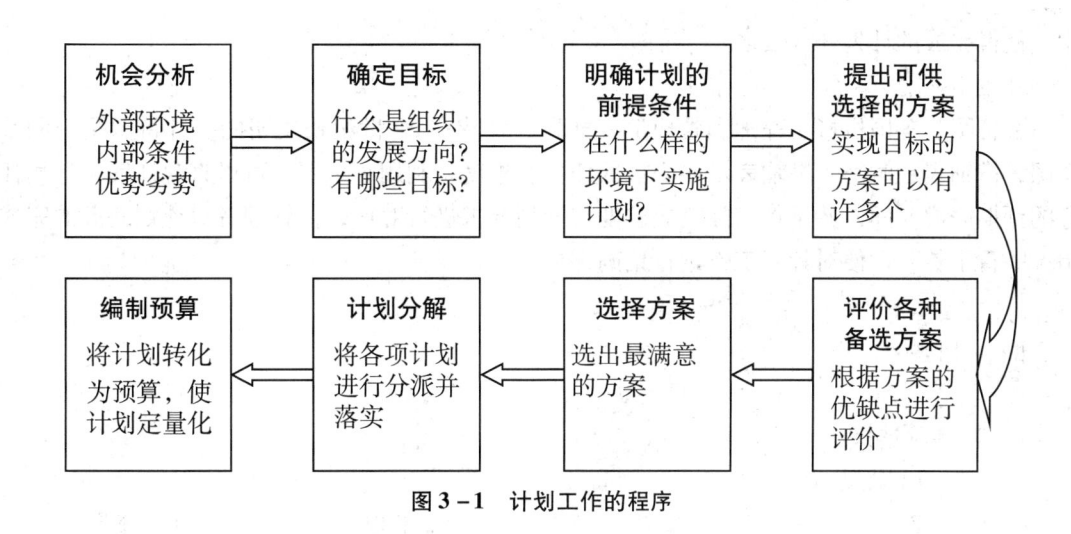

（五）计划工作的一般方法

1. 预测技术

预测是指根据过去和现在的已知因素，运用科学的方法和手段，探索组织所关心的事物未来的可能发展方向，并做出估计和评价，以指导未来行动的过程。预测是计划和决策工作的基本环节，为计划和决策提供科学依据。

根据预测的内容、预测的时间跨度、预测的属性以及预测的应用范围的不同，可以将预测分为多种类型。

2. 滚动计划法

滚动计划法是一种定期修订未来计划的方法。这种方法根据计划的实际执行情况和环境的变化，定期修订计划并逐期向前推移，使短期计划、中期计划和长期计划有机结合起来。由于这种方法在每次编制和修订计划时，都要根据前期计划的执行情况和环境条件的变化，将计划向前延伸一段时间，使计划不断滚动、延伸，所以被称为滚动计划法。

3. 计划评审技术

计划评审技术也称网络分析技术，是运筹法的一种，它是把网络理论应用于工程项目的计划与控制之中，根据所要完成项目的各项活动的先后顺序和所需时间，找出关键路线和关键活动，以达到合理安排可以动用的人力、财力和物力，谋求用最短的时间和最小的代价实现目标的一种方法。

计划评审技术的关键是绘制 PERT 网络。PERT 网络是一种类似于流程图的箭线图，事件、关键活动和关键路线是构建该网络的三个主要元素。

4. 线性规划法

线性规划法就是研究在有限的资源条件下，对实现目标的多种可行方案进行选择，以使目标达到最优的方法。也就是说，如何将有限的人力、物力和资金等资源合理地分配和使

用，使得完成的计划任务最多。

5. 甘特图法

甘特图是美国机械工程师和管理学家亨利·甘特在20世纪初发明的。甘特图是一种线条图，横轴表示时间，纵轴表示要安排的任务及进度。利用甘特图，可以直观地表明计划任务的预期完成时间，并可将实际完成进度与计划要求进行对比，使管理者对计划任务的完成情况一目了然，以便对计划工作进行正确评估。

四、自测练习

（一）单项选择

1. 计划的前提是（　　）。
   A. 决策　　　　　B. 预测　　　　　C. 管理　　　　　D. 领导
2. 计划的核心环节是（　　）。
   A. 控制　　　　　B. 预测　　　　　C. 决策　　　　　D. 组织
3. 计划工作有广义和狭义之分，狭义的计划工作主要是指（　　）。
   A. 执行计划　　　B. 检查计划　　　C. 选择计划　　　D. 制订计划
4. 组织中的各层次管理者都是计划的编制者，战略计划是由（　　）负责制订的。
   A. 高层管理者　　B. 中层管理者　　C. 基层管理者　　D. 所有管理者
5. 每一层次的管理者都参与组织计划的制订，这就是计划工作的（　　）性质。
   A. 超前性　　　　B. 普遍性　　　　C. 创造性　　　　D. 灵活性
6. 计划工作总是针对需要解决的新问题和可能发生的新变化、新机会而做出决策，这就是计划工作的（　　）性质。
   A. 超前性　　　　B. 灵活性　　　　C. 创造性　　　　D. 普遍性
7. 制订作业计划的依据是（　　）。
   A. 年度计划　　　　　　　　　　　B. 管理者的意愿
   C. 指导性计划　　　　　　　　　　D. 战略计划
8. 当外部环境具有很高的不确定性时，计划应是指导性计划，同时计划期限也应（　　）。
   A. 更长　　　　　B. 更短　　　　　C. 适中　　　　　D. 不确定
9. 为实现组织目标而采取的一系列措施、手段或技巧就是（　　）。
   A. 政策　　　　　B. 程序　　　　　C. 策略　　　　　D. 规则
10. 选择方案就是根据评价结果，从各种可行方案中选出（　　）的方案。
    A. 简单易行　　　B. 利润最大　　　C. 风险最小　　　D. 最满意
11. 若企业要改变经营方向，进入新的产业领域，就需要对该产业的发展趋势进行（　　）。

A. 长期预测 B. 中期预测 C. 短期预测 D. 年度预测

12. 当预测者能够得到足够的、准确的历史数据资料时，利用（　　）可得到较为满意的结果。

A. 定性预测 B. 宏观预测 C. 定量预测 D. 微观预测

（二）多项选择

1. 计划工作有广义和狭义之分，广义的计划工作是指包括（　　）三个环节在内的工作过程。

A. 制订计划 B. 机会分析
C. 执行计划 D. 检查计划执行情况

2. 管理者之所以编制计划，是因为（　　）。

A. 计划能使组织结构更加完善 B. 计划是一种协调过程
C. 通过计划促使管理者展望未来 D. 计划为控制提供了标准和依据

3. 计划在管理的各种职能中处于主导地位，主要表现在（　　）。

A. 计划和控制是密不可分的，未经计划的活动是无法控制的
B. 计划的确定总是在其他管理职能之前
C. 计划工作是一成不变的
D. 计划工作始终贯穿组织、人事、领导和控制工作中

4. 根据计划的广度，可以将计划分为（　　）。

A. 战略计划 B. 作业计划 C. 长期计划 D. 短期计划

5. 预算是指用数字形式表示的计划，如（　　）。

A. 销售费用预算 B. 零基预算
C. 广告预算 D. 成本预算

6. 规划是指组织为实现既定的（　　）等而制订的综合计划。

A. 发展 B. 目标 C. 策略 D. 政策

7. 计划工作的起点是机会分析，包括（　　）。

A. 外部环境分析 B. 内部因素分析
C. 自身能力分析 D. 对手能力分析

8. 任何组织的目标都是多元化的，如（　　）。

A. 高学历者的比例 B. 追求利润
C. 提高市场占有率 D. 满足员工福利待遇

9. 下列选项中，（　　）属于备选方案的评价指标。

A. 收益 B. 成本 C. 期限 D. 风险

10. 为了对备选方案进行准确评价，计划工作者需要（　　）。

A. 确定组织的目标 B. 确定明确的评价标准
C. 确定计划的前提条件 D. 确定指标的权重

11. 通常，影响预测的准确性的因素有（　　）等。
   A. 预测时间的长短　　　　　　　　B. 所选择的预测方法
   C. 预测人员的知识技能　　　　　　D. 信息的准确度
12. 按预测的属性，可将预测分为（　　）。
   A. 市场预测　　　B. 财务预测　　　C. 定性预测　　　D. 定量预测

（三）判断正误

1. 现实中，许多中小型组织大量采用非正式计划。（　　）
2. 只有组织的高层管理者才有资格编制计划。（　　）
3. 以效率为出发点制订计划，就是追求较高的经济利益。（　　）
4. 一般来说，战略计划相比作业计划要承担较高的风险。（　　）
5. 目标是指组织在一定时期内所要达到的具体成果。（　　）
6. 确定目标是计划工作的起点。（　　）
7. 任何一个组织的目标就是想方设法创造更多的利润。（　　）
8. 计划的前提条件可以分为外部前提条件和内部前提条件，其中，外部前提条件多为组织不可控制的因素。（　　）
9. 一般而言，预测时间越短，影响预测结果的因素变化越小，预测误差也越小；反之，预测时间越长，影响预测结果的因素变化越大，预测误差也越大。（　　）
10. 无论是定性预测还是定量预测，都需要建立数学模型。（　　）

（四）名词解释

1. 计划工作
2. 预测
3. 滚动计划法

五、模拟实训

项目：分析一份计划书

要求：通过各种途径，寻找一份某企事业单位的计划书，分析这份计划书中计划的类型、制订计划的方法，以及计划的目标。

六、案例讨论

案例 3-1　开发新产品与改进现有产品之争

南机公司是一家生产和销售农业机械的企业，老袁是该公司的总裁。2018 年该公司的销售额为 6 000 万元，2019 年销售额达到 6 400 万元，2020 年销售额预计可达到 6 700 万元。

每当看到这些数字，老袁都会踌躇满志。

这天下午又是业务会议时间，老袁召集公司在各地的经销负责人，分析目前和今后的销售形势。会上，有些经销负责人指出，虽然农业机械产品有市场潜力，但消费者的需求趋向已有所改变，公司应针对新的需求，开发新产品，以适应消费者的需求。

机械工程师出身的老袁对新产品的开发工作非常内行。他听完各经销负责人的意见之后，心里便很快算了一下：开发新产品，首先要增加研发投资，然后要投资改造现有的自动化生产线，这两项工作耗时3~6个月。开发新产品同时还意味着必须储备更多的零件，并根据需要对工人进行新技术的培训，投资又会增加。

老袁认为，从事经销工作的人总是喜欢从方便自己开展业务的角度来考虑，不断提出各种新产品的要求，全然不顾开发新产品所需投入的成本。事实上，公司目前的这几种产品的销售还很不错。因此，他决定不考虑开发新产品的建议，目前的策略仍是改进现有产品，进一步降低成本和销售价格。他相信，降低产品成本，提高产品质量，制定具有吸引力的产品价格，是提高公司产品竞争力最有效的法宝。这是因为，消费者实际考虑的还是产品的价值。尽管他已做出决策，但还是愿意听一听咨询顾问的意见。

问题：
1. 你认为该企业的宗旨是什么？请加以叙述。
2. 如果你是咨询顾问，你会向老袁提出怎样的建议？

案例3-2 东方电力公司的计划工作

东方电力公司是一家位于中国东部地区的大型企业，王力是该公司的总经理。王力一直认为，编制一份可行的公司计划将有助于企业的成功。他花了近十年的时间，想方设法促使公司编制计划并使计划进一步完善，并先后指派三位副总经理负责编制计划，但没有取得显著成效。王力注意到，个别部门经理自行其是、独立决策，造成了各利益方之间目标不一致。比如，主管电力调度的负责人总是提请上级电力部门允许电力公司提高电费；公共关系部门的负责人不断地向公众呼吁，要理解电力部门的难处；用户却认为，电力行业的利润够高了，电力公司应该通过内部解决问题，而不是提高电费；负责电力供应的副总经理受到社区的压力，要求将所有输电线路埋入地下，同时向用户提供更好的服务，因为他觉得用户是第一位的，费用是第二位的。

应王力的要求，一位咨询顾问来公司检查工作。他发现，公司并没有真正把计划做好。副总经理负责编制计划，而所有部门经理都把这项工作看作对公司发展没有多大意义的事情，因此他们对此兴趣不大。

问题：
1. 计划工作的步骤是什么？怎样才能使该公司有效地制订计划？
2. 如果你是咨询顾问，在计划的类型方面，你会给该公司提出哪些建议？

第四章 目标管理

有一位父亲带着三个孩子到大海去捕鱼。很快,他们到达了目的地。
父亲问老大:"你看到了什么?"
老大回答:"我看到了小船、渔网,还有一望无际的大海。"
父亲摇摇头,说:"不对。"
父亲又用同样的问题问老二。
老二回答:"我看到了爸爸、大哥、弟弟,还有小船、渔网,以及一望无际的大海。"
父亲又摇摇头,说:"不对。"
父亲又问老三。
老三回答:"我只看到了鱼。"
父亲高兴地点点头,说:"答对了。"

锁定一个明确的目标,朝着这个方向努力,才能获得成功。这就是上述故事中所蕴含的深意。对一个人,是这样;对一个组织,也是这样。一个组织,要有组织目标;一个部门,要有部门目标;一个人,要有个人目标。但是,仅有目标是不够的,还要运用恰当的目标管理方法,构建目标体系,全体成员各司其职、各尽所能,才能促成目标的顺利实现。

本章将围绕目标与目标管理展开论述。学完本章内容,你将会对目标与目标管理有进一步的认识。

一、学习进度及学时安排

请在第 5 周完成本章内容的学习,至少安排 7 课时的学习时间。

二、本章知识地图

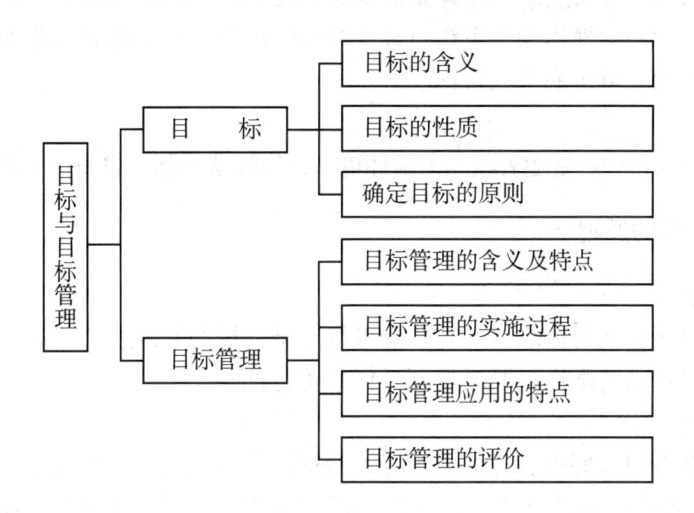

```
                    ┌── 目标的含义
            ┌─ 目 标 ─┼── 目标的性质
            │        └── 确定目标的原则
目标与目标管理 ─┤
            │        ┌── 目标管理的含义及特点
            │        ├── 目标管理的实施过程
            └─目标管理─┼── 目标管理应用的特点
                     └── 目标管理的评价
```

三、内容提要

(一) 目标的含义

目标是期望的成果,这些成果可能是个人、部门或整个组织的努力方向。

著名管理学家彼得·德鲁克提出,组织目标唯一有效的定义就是创造顾客。他认为,只强调利润会使经理人迷失方向,以致危及组织的生存。

在现代管理中,人们通常不仅把组织看作单纯的经济组织,也将其看作社会组织。组织不应单纯地追求自身的发展,还要将社会责任、尊重人等都作为组织目标的组成部分。

(二) 目标的性质

1. 多重性

组织寻求生存和发展,既要为资产所有者谋求利润,又要向顾客提供满意的产品或服务,并对社会承担一定的责任。组织目标作为衡量组织履行使命的标志,单一目标是无法胜任的,互相联系、互相支持的目标群才能构成组织的总目标。

在目标类型方面,拉·柯·戴维斯等学者指出,组织目标可分为主要目标、并行目标和次要目标。主要目标由组织性质决定,它是贡献给顾客的目标;并行目标可分为个人目标和社会目标,是为组织的关系人服务的目标;次要目标是贡献给组织本身的目标。

在目标内容方面，德鲁克认为，有八个领域必须制定绩效和成果的目标，这八个领域是市场地位、创新、生产率、物资和财务资源、可营利性、经理人的业绩和培养、员工的工作和态度、社会责任心。

2. 层次性

组织目标要通过各部门和各环节的生产经营活动去实现。因此，组织中各部门需要围绕总目标制定本部门的目标，并作为分目标支持总目标的实现。

组织管理层次的差异决定了目标体系的垂直高度，组织目标就成了一个有层次的目标体系或目标网络。这种层次性体现为组织目标从综合的组织总目标到具体化为各管理层次的中层目标，直至具体化为特定的个人目标。

3. 变动性

组织目标的内容和重点是随着组织外部环境、组织经营思想、自身优势的变化而变化的。

（三）确定目标的原则

1. 现实性原则

目标的确定要建立在对组织内外部环境进行充分分析的基础上，并通过一定的程序加以确定，既要保证目标的科学性，又要保证目标的可行性。

2. 关键性原则

作为社会经济组织，要以合理的成本为社会提供产品或服务。实现这一宗旨的组织发展目标很多，组织必须保证将有关大局的、决定经营成果的内容作为组织目标主体。

3. 定量化原则

要实现目标由上而下的逐级量化，使其具有可测度性。

4. 协调性原则

各层次目标之间、同一层次目标之间要协调，在保证分目标实现的同时，实现总目标。

5. 权变原则

目标并不是一成不变的，组织应根据外部环境的变化及时加以调整与修正，以便更好地实现组织的宗旨。比较而言，组织的长期目标应保持一定的稳定性，短期目标应保持一定的灵活性。

（四）目标管理的含义

目标管理是一个全面的管理系统。它用系统的方法，使许多关键管理活动结合起来，高效率地实现个人目标和组织目标。具体而言，目标管理是一种通过科学地制定目标、实施目标，依据目标进行考核评价来实施管理任务的管理方法。

（五）目标管理的特点

1. 组织成员参与管理

组织目标的制定由上下级共同参与，部门和组织成员共同讨论组织目标、部门目标及个人目标。目标制定的方式是由上而下和由下而上相结合，上下级充分沟通。

2. 强调自我管理和自我控制

目标管理以组织成员自我管理为中心，组织成员根据明确的目标、责任和奖惩标准，自我安排工作进度，自检自查工作中的成绩和不足，不断修正自身行为，提高工作效率，确保目标的实现。

3. 重视成果导向

目标管理重视工作成果而不是工作行为本身。目标管理以制定目标为起点，以目标完成情况的考核为终点。组织和个人最关心的是目标的实现情况。上级对于实现目标的具体过程并不过多干预，这有利于激发组织成员的积极性和创造性。

（六）目标管理的实施过程

目标管理的实施过程一般可分为目标建立、目标分解、目标控制、目标评定四个阶段。

1. 目标建立

从内容来看，组织目标应该首先明确组织的使命和宗旨，并结合组织内外部环境确定一定期限内的具体目标。现代管理学提倡参与制目标设定法，组织成员参与组织目标的建立。常见的有自上而下的目标制定法和自下而上的目标制定法。

2. 目标分解

目标分解是指把组织的总目标分解成各部门的分目标，再层层分解直至形成组织成员的个人目标，使组织成员都乐于接受组织的总目标，明确自己在完成这一目标中应承担的责任。参与制目标分解法强调上级与下级商定目标。

3. 目标控制

组织内任何个人或部门的目标完成过程中出现问题，都将影响组织目标的实现。组织管理者必须进行目标控制，随时了解目标实施情况，及时发现问题，并协助解决。必要时，也可以根据环境的变化对目标进行一定的修正。

4. 目标评定

目标管理注重结果，因此对部门、个人的目标必须进行自我评定、群众评议、上级评审。通过评定，肯定成绩，发现问题，奖优罚劣，及时总结目标实施过程中的成绩与不足，完善下一个目标管理过程。

（七）目标管理应用的特点

（1）应用范围广，除工业、金融、商业等组织外，许多非营利组织也引入了目标管理。

（2）在许多大型组织中，目标管理作为组织系统管理的形式得到应用，通过目标管理对组织各个管理层次实行全面管理。在规模较小的组织中，目标管理一般应用于生产作业方面。

（3）目标管理在目标量化比较容易的财务领域应用最为广泛，如对成本、利润、投资收益率的管理等。

（八）目标管理的评价

1. 目标管理的优点

（1）能有效提高管理效率。目标管理对目标的强调保证了组织的所有管理活动都围绕完成组织的经营宗旨。这种有的放矢的管理，一方面，可以保证各层次管理者权责明确、各司其职，增强管理工作的规范性；另一方面，通过员工的广泛参与，可以保证管理的科学性与有效性。

（2）有助于组织机构的改革。目标管理的组织机构是围绕所期望的目标成果建立的。目标的归口管理要求组织结构权责明确，并根据责任划定组织结构。目标管理的自我控制原则要求组织结构的设定以分权为基础。

（3）能有效地激励组织成员实现组织目标。目标建立期间组织成员的广泛参与明确了其在集体中的地位与作用。组织成员不是只听从命令的被动的生产者，而是有相当自主权、在一定范围内主要依靠自我控制进行工作的勇于承担责任的积极的生产者。目标管理"能力至上"的人事考核与评价体系使组织成员的努力能够得到客观、公正的评价，从而保证责、权、利的有机统一，产生强大的激励作用。

（4）能实行有效的监督与控制，减少无效劳动。自我控制与上级控制相结合的目标控制体系，保证了在目标管理实施过程中及时发现并纠正各种偏差，保证劳动的有效性。

2. 目标管理的局限性

目标管理在应用中也有一定的局限性，主要表现在以下几个方面：

（1）目标建立较为困难。目标管理的有效实施要以目标的准确建立为前提。保持目标的科学性与严肃性要求经理人具有较高的素质。

（2）目标建立与目标分解中的组织成员参与费时、费力。目标管理的思想基础是组织成员具有全局观念和长远观念，这种思想的形成需要组织长期对成员进行教育。

（3）目标成果的考核与奖惩难以完全一致。由于目标建立过程中对不同部门目标完成的难度很难做出精确判断，在评价、考核、制定奖惩方案时，上级领导会根据实际情况调整方案，或为了回避矛盾而不将目标成果的考核与奖惩相结合，等等。

（4）组织成员素质的差异影响组织目标管理方法的实施。目标管理的哲学假设是：组织可以形成自觉、自愿、愉快的工作环境；组织成员乐于发挥潜力，承担责任，实现自我管理，体验工作成就感，而且认为工作中的成就感比金钱更重要，但实践中并非完全如此。

四、自测练习

（一）单项选择

1. 首先把目标管理作为一套完整的管理思想提出来的是（　　）。

A. 弗雷德里克·泰罗 B. 乔治·梅奥
C. 赫伯特·西蒙 D. 彼得·德鲁克

2. 组织目标并不是一成不变的，组织应根据外部环境的变化及时调整与修正，以便更好地实现组织的宗旨，这就是确定组织目标的（　　）。
A. 现实性原则 B. 权变原则
C. 关键性原则 D. 协调性原则

3. 著名管理学家彼得·德鲁克认为，只强调利润会使经理人迷失方向，以致危及组织的生存。因此，他提出，组织目标唯一有效的定义就是（　　）。
A. 技术创新 B. 信誉至上 C. 创造顾客 D. 质量优良

4. 目标管理是一个全面的（　　），它用系统的方法，使许多关键管理活动结合起来。
A. 管理系统 B. 评估工具 C. 指标体系 D. 激励手段

5. 一些学者提出，组织在追求利润最大化的过程中，由于各种内外部因素的限制，只能获得（　　）。
A. 适当利润 B. 满意利润 C. 最大利润 D. 理想利润

6. 组织目标具有变动性，第二次世界大战后，（　　）的组织目标日益普及。
A. 利润目标 B. 顾客至上 C. 融入社会责任 D. 满意利润

7. 有些组织目标不是一成不变的，一般来说，组织的（　　）应保持一定的稳定性。
A. 利润目标 B. 短期目标 C. 中期目标 D. 长期目标

8. 在目标建立过程中应注意目标数量要适中。一般地，要把目标控制在（　　）个以内。
A. 2 B. 5 C. 10 D. 15

9. 组织目标的内容和重点是随着组织外部环境、组织经营思想、自身优势的变化而变化的。这就是组织目标的（　　）。
A. 层次性 B. 多重性 C. 变动性 D. 重合性

10. 目标管理的理论基础是（　　）。
A. 科学管理理论
B. 行为科学理论
C. 权变管理理论
D. 科学管理理论与行为科学理论的有机统一

11. 传统的目标建立过程是由组织的最高管理者完成的，现代管理学提倡（　　）。
A. 参与制目标制定法 B. 专家目标制定法
C. 员工目标制定法 D. 过程性目标制定法

（二）多项选择

1. 组织活动的复杂性决定了组织目标具有（　　）等性质。
A. 多重性 B. 层次性 C. 单一性 D. 变动性

2. 目标是组织制订计划的基础，确定合理的组织目标必须遵循正确的原则，这些原则包括（　　）。
   A. 现实性原则　　　　　　　　　　　B. 定量化原则
   C. 权变原则　　　　　　　　　　　　D. 协调性原则
3. 在目标建立过程中，应该注意的问题是（　　）。
   A. 尽可能地量化组织目标　　　　　　B. 把目标控制在5个以内
   C. 目标期限应以长期目标为主　　　　D. 目标期限要适中
4. 目标管理在应用中也存在一定的局限性，如（　　）。
   A. 目标建立较为困难
   B. 目标建立与目标分解中的组织成员参与费时、费力
   C. 受组织成员素质的影响较大
   D. 目标成果的考核与奖惩难以完全一致
5. 根据拉·柯·戴维斯等学者的观点，组织目标可分为（　　）。
   A. 主要目标　　　B. 综合目标　　　C. 并行目标　　　D. 次要目标
6. 在目标分解中，应注意（　　）。
   A. 目标体系要逻辑严密　　　　　　　B. 鼓励组织成员积极参与目标分解
   C. 目标要突出重点　　　　　　　　　D. 目标分解完毕后要进行严格的审批
7. 目标管理注重结果，因此对部门、个人的目标的实施情况必须进行（　　）。
   A. 自我评定　　　B. 上级评审　　　C. 小组考核　　　D. 群众评议
8. 实践表明，许多组织实行目标管理以后取得了很好的效果，如（　　）。
   A. 管理效率提高了　　　　　　　　　B. 组织结构设计更加合理
   C. 能有效地激励组织成员实现组织目标　D. 能实行有效的监督与控制
9. 任何组织的目标都是多元化的，这些目标包括（　　）。
   A. 高学历者的比例　　　　　　　　　B. 追求利润
   C. 提高市场占有率　　　　　　　　　D. 满足员工福利待遇

（三）判断正误

1. 依据权变原则，目标并不是一成不变的，组织应根据外部环境的变化及时调整与修正。比较而言，组织的长期目标应保持一定的稳定性，短期目标应保持一定的针对性。（　　）
2. 组织目标为组织决策指明方向，是组织计划的重要内容，也是衡量组织实际绩效的标准。（　　）
3. 著名管理学家彼得·德鲁克提出，组织目标唯一有效的定义就是创造利润。（　　）
4. 目标管理强调的是以成果为目标的管理。（　　）
5. 目标管理只是一种激励手段，是完成某一特定方面的管理工作的工具。（　　）
6. 目标管理将以科学技术为中心和以人为中心的两种管理思想统一起来，是对管理学的重大贡献。（　　）

7. 目标管理强调成果，实行"效益至上"。（　　）

8. 强调短期目标容易产生组织的短期行为，因此，组织在发展过程中，要强调组织的中长期目标。（　　）

9. 在目标建立过程中，目标要略低于组织当前的生产经营能力，保证组织经过一定努力能够实现。目标过高，会因无法完成任务而使组织成员丧失信心。（　　）

10. 目标的确定具有严肃性，确定之后不能修改。（　　）

11. 目标实施过程中，管理者必须进行控制。积极的自我控制与有力的领导控制相结合是实现目标动态控制的关键。（　　）

（四）名词解释

1. 目标
2. 目标管理

五、模拟实训

项目：目标管理的具体应用

要求：5~8人为一个小组，每人制定3~5个可以考核的目标。比如，网上学习几小时，阅读多少章节内容，等等。一个月后，小组成员互相评议，检查目标的实现情况，并分析原因。

六、案例讨论

案例4-1　某制药公司的目标管理

某制药公司决定在公司内部实施目标管理，根据目标实施情况，每年进行一次绩效评估。事实上，该公司之前在为销售部门制定奖金系统时已经运用了这种方法。公司通过对比实际销售额与目标销售额，给销售人员支付奖金。这样，销售人员的实际薪酬就包括基本工资和个人销售奖金两部分。

公司销售额大幅上升，但是苦了生产部门，他们很难按时完成交货任务。销售部门抱怨生产部门不能按时交货。于是，总经理和其他高管决定为所有部门经理以及关键员工建立一个目标设定流程。为了实施这种新方法，他们需要用到绩效评估系统。生产部门的目标包括按时交货和减少库存成本两部分。

公司请一家咨询公司指导管理人员设计新的绩效评估系统，并就现有的薪酬结构提出改进建议。公司向咨询公司支付高昂的费用，修改基本薪酬结构，包括岗位分析和工作描述；还请咨询公司参与制定奖金系统，该系统与年度目标的实现程度密切相关。咨询公司指导部门经理进行组织目标设定的讨论和绩效流程回顾。总经理期待公司业绩很快能够得到提高。

然而，不幸的是，公司业绩不但没有提高，反而下降了。部门之间的矛盾加剧，尤其是销售部门和生产部门。生产部门埋怨销售部门销售预测的准确性太差，而销售部门埋怨生产部门无法按时交货，部门之间相互指责。客户满意度下降，利润也下降了。

问题：

1. 这家制药公司的问题可能出在哪里？
2. 为什么建立目标（并与工资挂钩）反而导致公司各部门之间的矛盾加剧、利润下降？

案例4-2 某机床厂的目标管理实践

某机床厂多年前开始推行目标管理。为了充分发挥各职能部门的作用，调动1 000多名职能部门人员的积极性，该厂首先对厂部和科室实施了目标管理。经过一段时间的试点，该厂将目标管理方法推广到全厂各车间、工段和班组。多年的实践表明，目标管理改善了企业经营管理，挖掘了企业的内部潜力，增强了企业的应变能力，使企业取得了较好的经济效益。

按照目标管理的原则，该厂把目标管理分为三个阶段进行。

第一阶段：目标制定。

1. 总目标的制定

该厂通过对国内外市场机床需求的调查，结合长远规划的要求，并根据企业的具体生产能力，提出了2017年"三提高""三突破"的总方针。

2. 部门目标的制定

总目标制定后，全厂对总目标进行了层层分解、层层落实。各部门的分目标由各部门和厂企业管理委员会共同商定，先确定项目，再制定各项目的指标标准，其制定依据是厂总目标和有关部门负责拟订、经厂部批准下达的各项计划任务。各部门的工作目标值只能高于总目标中的定量目标值。同时，目标的数量不可太多。各部门的目标分为必考目标和参考目标两种。必考目标包括厂部明确下达的目标和部门主要的经济技术指标，参考目标包括部门的日常工作目标或主要协作项目。其中，必考目标一般控制在2~4项，参考目标的项目可以多一些。目标完成标准由各部门以目标卡片的形式填报厂部，经过协调和讨论，最后由厂部批准。

3. 目标的进一步分解和落实

部门目标确定以后，接下来的工作就是目标的进一步分解和落实。

（1）部门内部小组（个人）目标管理，其形式和要求与部门目标制定类似，拟订目标时也采用目标卡片的形式，由部门自行负责实施和考核。要求各小组（个人）努力完成各自的目标值，保证部门目标如期完成。

（2）该厂部门目标的分解是采用流程图方式进行的，具体方法是：先把部门目标分解和落实到各职能组，再分解和落实到工段，最后下达给个人。

第二阶段：目标实施。

该厂在目标实施过程中，主要抓了以下三项工作：

1. 自我检查、自我控制和自我管理

目标卡片经主管副厂长批准后，一份存企业管理委员会，另一份由目标制定单位自存。由于每个部门、每个人都有了具体的、定量的目标，所以在目标实施过程中，每个人都会自觉地、努力地实现这些目标，并对照目标进行自我检查、自我控制和自我管理。这种"自我管理"能充分调动各部门和每个人的主观能动性与工作热情，充分挖掘各自的潜力。

2. 加强经济考核

虽然该厂目标管理的循环周期为一年，但为了进一步落实经济责任制，即时纠正目标实施过程中与原目标之间的偏差，该厂打破了目标管理的一个循环周期只能考核一次、评定一次的束缚，坚持每一季度考核一次和年终总评定。这种加强经济考核的做法进一步调动了广大职工的积极性，有力地促进了经济责任制的落实。

3. 重视信息反馈工作

为了随时了解目标实施过程中的动态情况，以便采取措施及时协调，使目标顺利实现，该厂十分重视目标实施过程中的信息反馈工作，并采取了以下两种信息反馈方法：

（1）建立"工作质量联系单"，用以及时反映工作质量和服务协作方面的情况。

（2）通过"修正目标方案"来调整目标，内容包括目标项目、原定目标、修正目标以及修正原因等。在工作条件发生重大变化需修改目标时，责任部门必须填写此表。

第三阶段：目标成果评定。

目标管理实际上就是根据成果来进行管理，成果评定阶段十分重要。该厂采用了"自我评价"与上级主管部门评价相结合的做法，即在下一个季度第一个月的10日之前，每一部门必须把一份季度工作目标完成情况表报送企业管理委员会。企业管理委员会核实后，给予恰当的评分，如必考目标为30分，参考目标为15分。每一项目标超过指标3%的，加1分，以后每增加3%，再加1分；参考目标中有一项未完成而不影响其他部门目标完成的，扣3分；参考目标中有一项未完成而影响其他部门目标完成的，扣5分。加1分相当于增加部门奖金的1%，扣1分则相当于扣部门奖金的1%。如果有一项必考目标未完成，则至少扣10%的奖金。

问题：

1. 在目标管理过程中应注意哪些问题？

2. 目标管理有什么优缺点？

3. 你认为在实施目标管理时，培育科学、严格的管理环境和制定自我管理的组织机制哪个更重要？

第五章　战略管理

兔子与乌龟比赛输掉以后，总结教训时提议与乌龟重新比一次。比赛开始后，乌龟按规定路线拼命地往前爬，心想："这次我输定了。"当它到达终点后，却不见兔子的踪影。乌龟正在纳闷时，兔子气喘吁吁地跑了过来。乌龟问："兔兄，难道你又睡觉了？"兔子哀叹道："睡觉倒没有，但是跑错了路。"原来，兔子求胜心切，一上路就埋头狂奔，恨不得三跳两窜就到达终点。估计差不多快到终点的时候，它抬头一看，才发现竟然跑到另一条路上去了！这样，兔子最终还是落在了乌龟的后面，再次输掉了比赛。

这则寓言故事告诉我们，正确的战略对实现目标具有举足轻重的作用。兔子虽然有实力战胜乌龟，但是犯了战略上的错误，失去了正确的方向，只能以失败告终。同样，任何一个组织在竞争的道路上，除了要有实力，还必须有正确的战略指导，这样才能取得最终的胜利。近年来，越来越多的管理学家意识到了战略管理的重要性。

学习本章内容时，要抓住两条线，即管理层次与管理过程。从管理层次来看，首先要明确战略是由从高到低的三个层次组成的，然后对各层次战略进行分解；从管理过程来看，首先要进行战略分析，再制定战略，最后进行战略实施及控制。

一、学习进度及学时安排

请在第 6~7 周完成本章内容的学习,至少安排 7 课时的学习时间。

二、本章知识地图

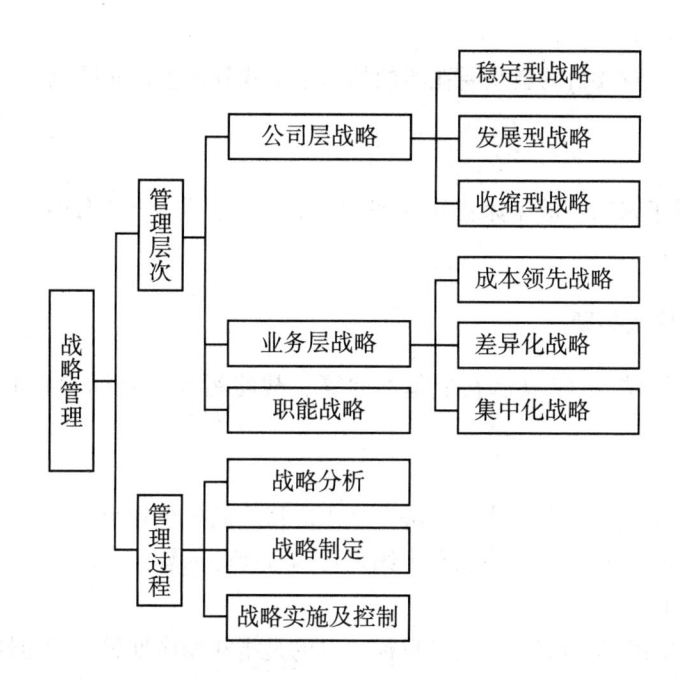

```
                              ┌─ 稳定型战略
                 ┌─ 公司层战略 ─┼─ 发展型战略
                 │            └─ 收缩型战略
        ┌ 管理层次┤
        │        │            ┌─ 成本领先战略
        │        ├─ 业务层战略─┼─ 差异化战略
战略管理 ┤        │            └─ 集中化战略
        │        └─ 职能战略
        │        ┌─ 战略分析
        └ 管理过程┼─ 战略制定
                 └─ 战略实施及控制
```

三、内容提要

(一)战略的含义和特征

战略就是指组织为了实现长期生存和发展,在综合分析组织内部条件和外部环境的基础上做出的一系列带有全局性和长远性的谋划。

战略具有以下特征:

1. **全局性**

战略管理是以组织全局为管理对象确定组织发展的远景和总目标,规定组织总的行动纲领,追求整体绩效最大化。它研究的重点是组织的整体发展。

2. **长远性**

战略的着眼点是组织的未来,是为了谋求组织的长远发展和长远利益。有时,为了实现组织的长远利益,可能会牺牲眼前利益。

3. 纲领性

组织战略所确定的战略目标和发展方向是一种概括性和指导性的规定，是组织所有行动的纲领。

4. 客观性

组织战略是在对未来环境变化趋势和自身资源、能力进行客观分析的基础上，通过一系列科学的决策而提出来的。战略的实质是谋求外部环境、内部条件与战略目标三者之间的动态平衡。

5. 竞争性

制定战略的一个重要目的就是要在激烈的竞争中战胜对手，赢得竞争优势，进而赢得市场和顾客。

6. 风险性

组织战略着眼于未来，但未来充满不确定性，这必然导致任何战略方案都带有一定的风险。

（二）战略的构成要素

一项有效的组织战略应包括五个基本要素：战略远景、目标和目的、资源、业务和组织。

1. 战略远景

战略远景是指组织在社会进步和经济发展中应扮演的角色和承当的责任。它说明了组织存在的理由。战略远景包括经营理念和组织宗旨两方面的内容。

2. 目标和目的

目标是指具体的中期和短期的定量目标。目的是指在相应期限内的定性期望。目标和目的应时刻与战略远景保持一致。

3. 资源

组织中的资源包括有形资源和无形资源，它是组织战略的关键要素，是组织持续竞争优势的源泉。有形资源主要包括现金、房地产、机器设备和原材料库存等；无形资源主要包括品牌、技术、组织文化以及各种组织能力等。

4. 业务

业务是指组织参与竞争的产业领域。

5. 组织

组织是指组织结构与管理体制等要素，它们共同形成组织的行政关系，维持各业务单元之间的一致性，保证战略方案的有效实施。

（三）战略体系构成

一般来说，组织的战略可以划分为三个层次，即公司层战略、业务层战略和职能战略。

1. 公司层战略

公司层战略是组织总体的、最高层次的战略，因此也称总体战略。它主要解决两方面的问题：一是根据组织内部条件和外部环境，确定组织的经营范围；二是确定每种业务在组织中的地位，并据此决定在各种业务之间如何分配资源。

2. 业务层战略

业务层战略处于组织战略体系的第二层次，主要解决的是在特定的业务领域组织如何参与市场竞争，以获取超过竞争对手的竞争优势，因此也称竞争战略。

3. 职能战略

职能战略是在公司层战略和业务层战略的指导下，针对组织各职能部门或专项工作所制定的谋划与方略，是公司层战略和业务层战略的具体实施战略。

（四）战略管理的过程

战略管理过程大致可分为确定战略远景、外部环境分析、内部条件分析、确定战略目标、制定战略、战略实施及控制六个阶段，这六个阶段概括起来就是要做好三方面的工作：一是战略分析；二是战略制定；三是战略实施及控制。

1. 战略分析

一般来说，战略分析包括外部环境分析和内部条件分析两部分。

（1）外部环境分析可以分为宏观环境分析和行业环境分析两个层次。

宏观环境分析的内容包括政治因素、法律因素、经济因素、技术因素、人文因素和生态因素等。

行业环境分析的内容主要包括行业竞争结构、行业所处的生命周期以及本行业与其他行业的关系等。

（2）内部条件分析。内部条件分析的核心是对组织核心能力的分析。

核心能力是一种将知识、技能、资产和运行机制有机结合的组织的自组织能力，它以组织的技术创新能力为核心，通过与组织的生产制造能力、市场营销能力和文化等资源或能力的交互作用，最终生成能够使组织保持持续竞争优势的能力。

2. 战略制定

在制定战略之前，决策者应将组织外部环境分析和内部条件分析的结果进行综合、比较，寻找二者的最佳战略组合，为战略制定和战略决策提供更为直接的依据。这就是 SWOT 分析。其中，S 表示组织所拥有的优势，W 表示组织的劣势，O 表示外部环境中的机会，T 表示外部环境对组织的威胁。通过对这些因素进行分析，选择一种最佳组合。

3. 战略实施及控制

（1）为了推进战略的有效实施，组织管理层应做好以下三个方面的工作：

首先，战略方案分解。为了方便战略方案的执行，组织管理层需要将战略方案从时间和空间两个方面进行分解。时间分解就是将战略方案中的长期目标分解为若干个战略阶段，再将战略阶段分解为年度计划、季度计划等。空间分解就是将战略方案按业务领域和职能进行分解，形成具体的业务层战略或职能战略。

其次，编制行动计划。为了使战略顺利执行，必须编制具体的行动计划，明确每一个战略阶段或战略项目的工作量、起止时间、资源保证和负责人。

最后，对组织结构进行调整。战略是通过组织实施的，要有效实施一个新战略，往往需要设计一个新的或者是经过调整的组织结构。

（2）战略控制。在战略执行过程中，为了实现预期目标，必须对战略实施过程进行控制，即将执行中的实际表现与预期目标进行比较，如果二者有明显的偏差，就应当采取有效的措施加以纠正。战略控制必须以战略目标为控制标准。

（五）稳定型战略

1. 稳定型战略的含义

稳定型战略是指组织在战略期内期望达到的经营状态基本保持在战略起点水平上的战略。在执行稳定型战略时，组织基本上很少发生重大的变化。

2. 稳定型战略的特征

（1）继续提供相同的产品或服务来满足原有顾客的需要。

（2）保持现有的市场占有率和产销规模或者略有增长，稳定和巩固现有的市场地位。

（3）满足于过去的经济效益水平，继续追求与过去相同的经济效益目标及其他目标。

（4）在战略期内，每年所期望取得的业绩按大体相同的比率增长，实现稳定、均衡发展。

3. 稳定型战略的适用条件

（1）市场需求及行业结构基本稳定或波动较小，组织面临的竞争挑战和发展机会较少。

（2）决策层不希望承担大幅度改变现有战略所带来的风险。

（3）发展太快可能导致组织的经营规模和业务范围超出其资源和能力的承受范围，进而很快就会出现低效率的情况。

4. 稳定型战略的利弊

稳定型战略的好处：能够保持战略的稳定性，不会因战略的突然改变而引起在资源分配、组织结构和人员安排上的大变动，进而有助于实现组织的平稳发展；稳定型战略的风险较小。

稳定型战略的弊端：一是可能使组织丧失一些发展机会；二是可能会助长组织管理层墨守成规、因循守旧的懒惰思想，这对于组织的长远发展不利。

（六）发展型战略

1. 发展型战略的含义

发展型战略也称扩张型战略，是一种在现有战略起点的基础上，向更高目标发展的总体战略。

2. 发展型战略的特征

（1）扩大产销规模，提高产品的市场占有率，增强组织的竞争力。

（2）不断开发新产品、新工艺和老产品的新用途，不断开拓新市场。

（3）不仅适应外部环境的变化，而且试图通过创新来引导消费，创造需求。

3. 发展型战略的主要形式

（1）密集型发展战略。密集型发展战略是指集中组织资源，以快于过去的增长速度来增加某种产品或服务的销售额或市场占有率。

密集型发展战略的具体做法：在现有产品线内不断开发新产品；扩大销售范围，向国内外新的市场领域扩张；通过广告、促销或特殊的定价策略吸引更多的顾客，或提高原有顾客的重复购买率；通过定价策略、产品差异化和广告等手段，向竞争对手的市场渗透。

密集型发展战略的优点：经营目标集中，管理简单、方便，有利于集中利用组织资源，实现生产的专业化，获取规模经济效益。

密集型发展战略的缺点：对环境变化的适应能力较差，风险较大。组织集中经营一种产品，一旦该产品的市场需求明显下降，组织可能会快速陷入困境。

（2）一体化发展战略。一体化发展战略是指组织在产业链的前向和后向两个可能的方向，扩大组织经营范围的一种战略。它包括前向一体化战略和后向一体化战略两种表现形式。前向一体化战略就是组织对自己所生产的产品做进一步的深加工，或建立自己的销售组织来销售产品或服务的战略。后向一体化战略是指组织生产所需的原材料和零部件等，由外部供应改为自己生产。

一体化发展战略的优点：①前向一体化战略有助于组织更准确地掌握市场需求信息和发展趋势，增强对市场的适应能力；②前向一体化战略通过提高产品的深加工程度，给组织带来更多的利润；③后向一体化战略有助于降低成本，减少风险，保证生产正常运行。

一体化发展战略的缺点：①管理难度加大，管理费用增加；②组织进入新的经营领域，不仅需要投入大量的资金，而且需要掌握更多的新技术和能力；③组织一旦进入新的经营领域，再退出就会很困难。当所进入的经营领域衰退时，组织很可能面临较大的风险。

（3）多元化发展战略。多元化发展战略可以分为关联多元化发展战略和无关联多元化发展战略。

关联多元化发展战略也称同心多元化发展战略，是指进入与现有产品或服务有一定关联的经营领域，进而实现组织规模扩张的战略。

无关联多元化发展战略也称复合多元化发展战略，是指组织进入与现有产品或服务在生产、技术、市场等方面没有任何关联的新经营领域的战略。

（七）收缩型战略

1. 收缩型战略的含义

收缩型战略是一种缩小组织的经营规模或经营范围的战略。收缩型战略的目的与发展型战略的目的相反，它是通过收缩或撤退，缩小经营规模或经营范围。

2. 收缩型战略的主要形式

收缩型战略主要有以下三种形式：

（1）抽资转向战略，是指减少在某一经营领域的投资，把节约的资金投入其他更需要资金的领域的战略。

（2）调整性战略，是指为扭转不良的财务状况，使组织渡过危机而采取的收缩经营规模的战略。

（3）放弃战略，就是出售组织的一个主要业务部门，这个业务部门可能是一个子公司，或一个事业部，或一条生产线。采取该战略的目的就是去掉经营赘瘤，收回资金，集中资源发展其他业务，或进入更有前途的经营领域。

（八）BCG 矩阵法

BCG 矩阵法，即市场增长率/市场份额矩阵法，是一种战略评价方法。这个矩阵包括市场增长率和市场份额两项指标。在 BCG 矩阵中，横轴代表市场份额，用相对市场占有率来表示；纵轴代表组织所在行业的市场增长率，表示该行业对组织的吸引力的大小，市场增长率高，往往意味着组织迅速收回投资的机会大。一般认为，市场增长率达到 10% 以上就算高增长率。

根据 BCG 矩阵，可以将组织业务分成"现金牛""吉星""问号""瘦狗"四大类。

（1）"现金牛"业务，即拥有较高的相对市场占有率和较低的市场增长率的业务。

（2）"吉星"业务，即拥有较高的相对市场占有率和较高的市场增长率的业务。

（3）"问号"业务，即拥有较低的相对市场占有率和较高的市场增长率的业务。

（4）"瘦狗"业务，即相对市场占有率和市场增长率都较低的业务。

（九）竞争战略

竞争战略即业务层战略。迈克尔·波特在行业竞争结构分析的基础上，提出了三种可供选择的一般性竞争战略，分别是成本领先战略、差异化战略和集中化战略。

1. 成本领先战略

（1）含义。成本领先战略就是采用降低成本的方法实施组织战略。

（2）组织实施成本领先战略的条件：①组织内各产品之间的关联性强，能够充分利用组织的生产制造系统；②低成本能有效提高市场占有率，进而给组织带来高额收益；③拥有先进的生产工艺和现代化技术设备，能够进行大批量生产；④已建立严格的、全面的成本控制系统，且成本控制系统能够在组织的各个部门得到有效执行。

2. 差异化战略

（1）含义。差异化战略也称标歧立异战略。如果一个组织在行业中寻求与众不同，它实施的就是差异化战略。

（2）组织实施差异化战略的条件：①具有卓越的研究与开发能力，能够不断开发出满足顾客需要的新产品；②拥有产品质量好或技术领先的声望；③具有强大的市场营销能力，能够提供优质的服务，在市场上树立良好的形象；④研发、生产和营销等部门之间能够进行有效的协调与配合；⑤资金实力或融资能力较强。

3. 集中化战略

集中化战略也称目标集聚战略，是指将组织资源集中于狭小的细分市场，寻求成本领先优势或差异化优势的战略。

如果组织寻求的是在目标市场上的成本优势，它实施的就是成本集聚战略；如果组织寻求的是在目标市场上的与众不同，它实施的就是歧异集聚战略。

可以说，集中化战略是成本领先战略和差异化战略的特殊表现形式，所不同的是，成本领先战略和差异化战略寻求在整个市场范围内实现成本领先或差异化，而集中化战略寻求在较狭窄的范围内，集中组织有限的资源和能力，获取竞争优势，进而获得高于行业平均水平的收益。

（十）行业竞争结构分析

按照迈克尔·波特的理论，行业竞争结构分析主要从五个方面进行，即现有企业间的竞争强度、潜在入侵者的威胁、购买者的讨价还价能力、供应商的讨价还价能力及替代品的威胁。

1. 现有企业间的竞争强度

影响现有企业间的竞争强度的一个最主要因素就是竞争者的数量和相对实力的大小。比如，当行业内现有竞争者的数量相对较少且大家的实力相当时，市场竞争格局会相对平稳。

2. 潜在入侵者的威胁

这种威胁主要在于，新进入该行业的企业，不仅会带来生产能力的扩大，而且会带来对经营资源、市场份额的要求，这必然会加剧市场竞争，降低行业的平均盈利能力。

3. 购买者的讨价还价能力

购买者的讨价还价能力往往会挤掉供应商的一部分利润，具体的途径就是迫使供应商降价，要求更高的产品质量或更多的服务。

4. 供应商的讨价还价能力

如果供应商的讨价还价能力强，同样可以挤掉购买者的一些利润。

5. 替代品的威胁

替代品的出现会对本行业内的所有企业产生冲击，因为替代品往往在某些方面具有超过原有产品的竞争优势。替代品的威胁的大小主要取决于替代品的价格、性能等因素。

四、自测练习

（一）单项选择

1. 战略管理是以组织全局为管理对象，确定组织发展的远景和总体目标，规定组织总的行动纲领，追求整体绩效最大化。这是战略的（　　）特征。
   A. 长远性　　　B. 纲领性　　　C. 全局性　　　D. 客观性

2. 组织战略所确定的战略目标和发展方向是一种概括性和指导性的规定，是组织所有行动的纲领。这是战略的（　　）特征。
   A. 纲领性　　　B. 长远性　　　C. 指导性　　　D. 客观性

3. 下列关于战略远景的描述，哪一项是不准确的？（　　）
   A. 它明确了组织的性质　　　　　　B. 它明确了组织所从事的事业
   C. 它规定了可量化的经济指标　　　D. 它明确了组织应承担的社会责任

4. 战略管理是组织（　　）最重要的职责。
   A. 创始人　　　B. 高层管理者　　　C. 全体管理者　　　D. 股东大会

5. 组织制定竞争战略的重要的基础性工作是（　　）。
   A. 宏观环境分析　　　　　　B. 消费水平分析
   C. 经济发展趋势分析　　　　D. 行业竞争结构分析

6. 决策者将组织外部环境分析与内部条件分析的结果进行综合、比较，寻找二者的最佳战略组合，为战略制定和战略决策提供更为直接的依据。这就是（　　）。
   A. 竞争战略分析　　　　　　B. SWOT 分析
   C. BCG 矩阵分析　　　　　　D. 行业寿命周期法分析

7. 战略只是规定了发展方向、目标和基本措施。为了使战略顺利执行，必须（　　），明确每一个战略阶段或战略项目的工作量、起止时间、资源保证和负责人。
   A. 编制具体的行动计划　　　B. 进行方案分解
   C. 进行结构调整　　　　　　D. 进行目标分解

8. 组织制定业务层战略和职能战略的依据是（　　）。
   A. 竞争战略　　　B. 组织目标
   C. 公司层战略　　D. 组织内部资源

9. 就组织的发展型战略形式而言，可口可乐公司采用的是（　　）。
   A. 一体化发展战略　　　B. 多元化发展战略
   C. 稳定型发展战略　　　D. 密集型发展战略

10. 海尔集团原来以生产冰箱为主，后来又引进了空调生产线，这是（　　）发展战略。
    A. 一元化　　　B. 关联多元化

C. 无关联多元化　　　　　　　　　　D. 复合多元化

（二）多项选择

1. "战略"一词原意是指指挥军队的（　　）。
   A. 科学　　　　B. 方法　　　　C. 艺术　　　　D. 战术
2. 制定战略的一个重要目的就是要在激烈的竞争中（　　）。
   A. 赢得竞争优势　　　　　　　　B. 战胜对手
   C. 改善组织结构现状　　　　　　D. 赢得市场和顾客
3. 组织的战略远景包括（　　）。
   A. 经营目标　　B. 经营理念　　C. 组织宗旨　　D. 组织资源
4. 在确定组织宗旨时，应避免组织宗旨（　　）。
   A. 语言晦涩　　B. 表述过长　　C. 过于狭窄　　D. 过于宽泛
5. 公司在决定是否进入某一产业时，需要考虑（　　）。
   A. 该产业在产业结构中的地位　　B. 该产业是否具有吸引力
   C. 公司是否拥有资源优势　　　　D. 该产业的盈利能力
6. 战略管理过程大致可分为六个阶段，这六个阶段概括起来就是要做好三方面的工作，即（　　）。
   A. 战略分析　　B. 战略制定　　C. 战略实施　　D. 战略控制
7. 外部环境分析的目的是（　　）。
   A. 发现组织具有的优势
   B. 适时寻找和发现组织发展可能面临的机会
   C. 避开存在的威胁
   D. 发现组织具有的劣势
8. 组织总体战略的类型主要有（　　）。
   A. 规模型战略　B. 稳定型战略　C. 收缩型战略　D. 发展型战略
9. 密集型发展战略的优点有（　　）。
   A. 经营目标集中　　　　　　　　B. 管理简单、方便
   C. 能获取规模经济效益　　　　　D. 对环境变化的适应能力强
10. 新希望集团以生产饲料为主营业务，后来又进入房地产、旅游等行业，它应用的就是（　　）发展战略。
    A. 关联多元化　　　　　　　　　B. 同心多元化
    C. 无关联多元化　　　　　　　　D. 复合多元化
11. 关联多元化发展战略的关键是新业务与原有业务之间在（　　）等方面必须有一定的关联性。
    A. 生产系统　　　　　　　　　　B. 产品的核心技术
    C. 顾客基础　　　　　　　　　　D. 销售渠道

（三）判断正误

1. 战略的实质是谋求外部环境、内部条件与战略目标三者之间的动态平衡。（   ）
2. 通常，组织的宗旨都是空泛而笼统的。（   ）
3. 目标和目的就是为实现组织的战略远景而设定的一套中短期的定性指标。（   ）
4. 公司层战略是组织总体的、最高层次的战略，也称高层战略。（   ）
5. 对于只经营一种业务的小企业或者从事专业化经营的大型企业来说，其业务层战略与公司层战略是一回事。（   ）
6. 战略控制必须以战略目标为控制标准。（   ）
7. 组织实施稳定型战略就是保持组织的原有状态。（   ）
8. 组织实施成本领先战略就是降低产品价格。（   ）

（四）名词解释

1. 战略
2. 战略管理
3. 公司层战略
4. 业务层战略
5. 职能战略

五、模拟实训

项目：调查某组织的战略管理问题

要求：通过上网搜索、查阅报刊资料、实地走访等途径，调查企业、学校等组织，了解它们的经营理念、宗旨和目标，分析它们所采用的总体战略的类型。

六、案例讨论

案例 5-1　悦来公司的战略发展计划

悦来企划有限公司（以下简称企划公司）是悦来集团公司（以下简称悦来）控股的子公司，注册资本为 600 万元。自 2008 年成立以来，企划公司一直盈利，净资产收益率为 20% 左右，年创税后利润 200 万元以上，营业收入年增长率为 30% 左右。然而，就是这样一家既盈利又在发展中的公司，2014 年被悦来悄无声息地关闭了。

原因很简单，用悦来创始人的话说，就是"悦来创办企划公司的初衷是期望企划公司能够开展管理咨询、企业策划业务，借此提升悦来的整体形象。悦来的主业是汽车零部件，净资产收益率在 25% 以上，悦来不缺钱。悦来创办企划公司，不是为了让企划公司赚钱。经营油条、烧饼也能赚钱，但悦来不用这种方式赚钱"。

实际上，企划公司开展的是广告业务，特别是户外广告业务和宣传画册的发行业务。在企划公司每年的董事会上，悦来总部一再强调企划公司要开展管理咨询业务，并向企划公司施压。为了开展管理咨询业务，2010年企划公司引进了从某名牌大学毕业的博士研究生，2012年还撤换了公司总经理，但管理咨询业务还是没能开展起来。由于企划公司连续6年都没能开展管理咨询业务，悦来创始人下令关闭企划公司。

问题：
1. 企划公司从汽车零部件业进入管理咨询业，这属于什么类型的发展战略？
2. 企划公司一直盈利，悦来却关闭了该公司，这是为什么？

案例5-2 把所有"鸡蛋"都放在微波炉里

曾经有位哲人说过：把所有的鸡蛋都装进一个篮子里，然后看好这个篮子。将这段话借用到企业经营上就是：选择一个有前景的行业，集中全部资源去发展，即实行专业化经营。英特尔公司前总裁安迪·葛洛夫对此深表赞同，他领导的英特尔公司一直坚守在微处理器行业，全球市场占有率高达90%。广东格兰仕集团有限公司前董事长梁庆德也持这种观点，把所有"鸡蛋"都放在微波炉里，结果创造了中国微波炉第一品牌。

格兰仕公司是如何做到这一点的呢？

一、以战略眼光选择微波炉行业

1991年，格兰仕公司选择微波炉行业作为发展的唯一行业，是具有战略眼光的。

(1) 20世纪60年代，微波炉行业在美国等发达国家兴起。20世纪90年代，该行业进入普及期（1990年，世界微波炉产量为2 254万台），产品生产技术成熟。

(2) 微波炉行业在中国是曙光初现的行业。随着大家电的普及、居民生活水平的不断提高和对便利生活的追求，微波炉市场将是一个基数小、增长速度快、潜力巨大的市场。

(3) 1990年，中国微波炉产量为100万台，进口量为几万台，虽有竞争，但并不激烈。

二、大胆且成功的战略转移

尽管宏观环境有利，但格兰仕公司决定进入与原服装行业毫无关联的微波炉行业还是需要魄力的。与多元化经营有很大不同，格兰仕公司走的是一条战略转移之路：1991—1993年，一方面，逐步撤掉收入可观的羽绒服生产线，从服装行业撤出；另一方面，从日本、美国、意大利等国引进全套具有20世纪90年代先进水平的微波炉生产设备和技术，进入微波炉行业。1993年，格兰仕公司生产出1万台微波炉并投放市场，当时国内最大的微波炉生产企业是砚华，进口产品中销量最大的是日本松下。

三、集中全部资源，夺得全国第一

格兰仕公司奉行专业化战略，没有采取多元化方针，而是集中全部资源，以规模化为重点，生产单一的微波炉。对此，时任格兰仕公司副总经理的俞尧昌先生说："就格兰仕的实力而言，什么都干，就什么都完了，所以我们集中优势兵力于一点。"

这是中小型企业经营战略的理想选择：在企业实力不强、内部资源不足的情况下，企业应优先选择以单一行业甚至单一产品为重点，集中优势夺取市场地位，进而成长为大企业。

1994年，格兰仕微波炉产量为10万台；1995年，产量达到20万台，市场占有率为25.1%；1996年，产量上升到65万台，市场占有率达到34.85%；1997年，产量接近200万台，市场占有率为47.6%。格兰仕位居国内外品牌榜首。

四、高处足以胜寒

1997年10月18日，格兰仕公司宣布13个品种的产品全面降价，降价幅度为29%~40%。其结果是格兰仕微波炉在国内的市场占有率接近50%，占据国内市场的半壁江山，而国外品牌微波炉的市场占有率下降到40%左右，国内其他品牌的市场占有率则不到10%，行业元老——上海"飞跃""亚美"的市场占有率跌至1%以下。格兰仕公司雄居微波炉行业的"高处"。

在市场占有率超过国际通用的垄断点41%的基础上，格兰仕公司并没有满足，而是继续扩大规模，1998年设计生产能力为450万台。该目标实现后，格兰仕公司成为世界上规模最大的微波炉生产企业。

问题：

1. 格兰仕公司进行战略转移的依据是什么？
2. 格兰仕公司是怎样成为"微波炉大王"的？
3. "把所有的鸡蛋都装进一个篮子里，然后看好这个篮子"，这句话蕴含了怎样的管理思想？

第六章 决　　策

远古时代，居住在拉布拉多半岛的印第安人靠狩猎为生。他们每天都要面临一个问题：选择哪个方向去寻找猎物？

他们以一种在文明人看来十分可笑的方法解决了这个问题——把一块鹿骨放在火上炙烤，直到骨头出现裂痕，然后请部落的专家破解这些裂痕中包含的信息，裂痕的走向就是他们当天寻找猎物应该选择的方向。

令人惊讶的是，用这种方法，他们竟然能经常找到猎物，所以这个习俗在部落中被沿袭下来。

从管理学的角度看，居住在拉布拉多半岛的印第安人的选择方式包含"科学决策"的成分。比如，在每天的决策活动中，他们无意中应用了经济学的"长期战略"理论。这就是，如果前一天满载而归，第二天就再到同一个地方去狩猎。那么，在较短时期内，可能会有较多的收获。但是，从长远发展来看，这种掠夺性的利用资源必然导致资源的枯竭。印第安人在不知不觉中运用了科学的决策方法。

从远古时代进入到现代社会，管理理论与实践飞速发展，科学的决策方法被广泛应用于组织的管理工作中，决策已成为组织管理工作的核心。从某种意义上说，管理者每天都在进行不同类型的决策。

本章将详细介绍决策的含义、决策的类型，以及管理者是如何做决策的等内容。重点和难点是决策的具体方法。

一、学习进度及学时安排

请在第 8 周完成本章内容的学习，至少安排 7 课时的学习时间。

二、本章知识地图

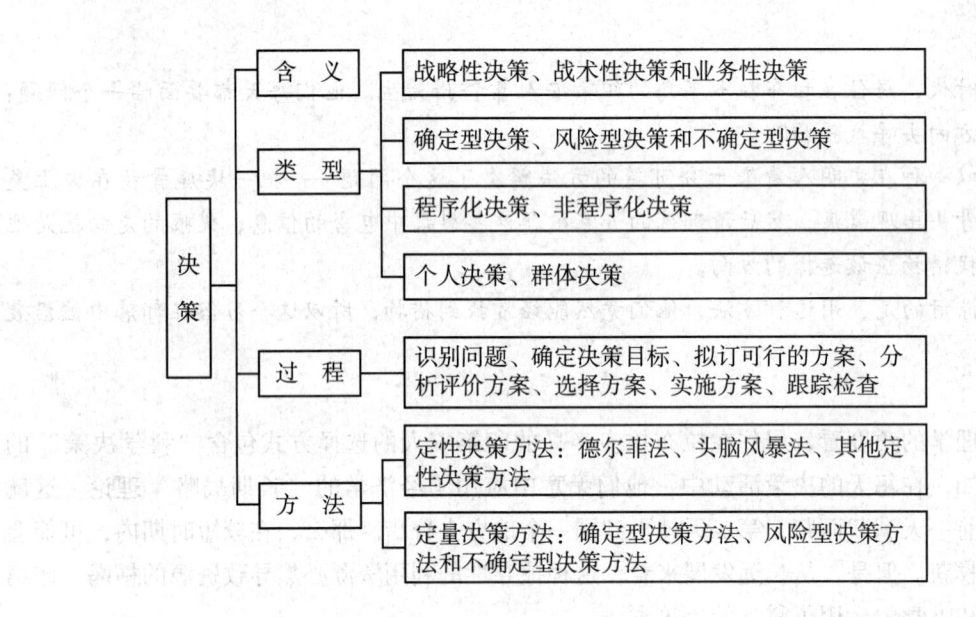

决策
- 含义
- 类型
  - 战略性决策、战术性决策和业务性决策
  - 确定型决策、风险型决策和不确定型决策
  - 程序化决策、非程序化决策
  - 个人决策、群体决策
- 过程：识别问题、确定决策目标、拟订可行的方案、分析评价方案、选择方案、实施方案、跟踪检查
- 方法
  - 定性决策方法：德尔菲法、头脑风暴法、其他定性决策方法
  - 定量决策方法：确定型决策方法、风险型决策方法和不确定型决策方法

三、内容提要

（一）决策的含义

决策是指为了实现一定的目标，采用一定的科学方法和手段，从两个或两个以上的可行方案中选择一个满意方案的分析判断过程。

要理解决策的含义，需要把握以下几点：

（1）决策要有明确的目标。
（2）决策要有可供挑选的可行方案。
（3）决策要做分析和评价。
（4）决策要具有科学性。
（5）决策应遵循满意原则。

（二）决策在组织管理中的地位和作用

（1）决策正确与否对组织的前途命运有决定性的影响。

(2) 决策过程不仅是一个分析判断的过程，也是一个集思广益、发动群众的过程。

(3) 合理的决策是提高经济效益的基础。

（三）决策的类型

(1) 按照决策的重要程度，可以将决策分为战略性决策、战术性决策和业务性决策。

(2) 按照决策的条件，可以将决策分为确定型决策、风险型决策和不确定型决策。

(3) 按照决策的重复性，可以将决策分为程序化决策和非程序化决策。

(4) 按照决策者的性质，可以将决策分为个人决策和群体决策。

（四）决策过程

1. 识别问题

识别问题是决策的起点。管理者将衡量标准与现实状态进行比较，发现问题，分析原因，找出解决问题的方法。

2. 确定决策目标

决策目标是指管理者在特定的条件下所要获得的一定结果。确定决策目标必须围绕要解决的问题进行。此外，确定决策目标还必须全面研究所要解决问题的需要和可能，否则目标将成为空想。

3. 拟订可行的方案

只有提出一定数量和质量的可行的方案供选择，决策才能做到合理。对于复杂的决策问题，往往要分成两个阶段：设想阶段和精心设计阶段。设想阶段的重点是保证备选方案的多样性。新方案的设想与构思，关键在于打破传统思想的条条框框，大胆探索新的解决问题的途径。

4. 分析评价方案

拟订各种可行的方案后，就要根据决策目标的要求来分析评价各种方案可能的执行后果，判断其对决策目标的满足程度。

5. 选择方案

决策者根据各方案的评价结果选出最优方案。

6. 实施方案

将选定方案贯彻实施，最终实现决策目标。

7. 跟踪检查

决策贯彻实施之后，要随时检查验证，对没有达到预期效果的项目要找出原因。如果原定方案确有严重问题，就应将其废弃，并返回决策的起点，再次按照决策过程，直到选出新的满意方案为止。

（五）定性决策方法

定性决策方法是决策者根据所掌握的信息，通过对事物运动规律的分析，在把握事物内在本质联系的基础上进行决策的方法。定性决策方法主要有德尔菲法、头脑风暴法以及其他定性决策方法（如哥顿法、淘汰法、环比法等）。

1. 德尔菲法

德尔菲法是美国兰德公司于 20 世纪 50 年代初发明的一种预测、决策方法，是一种改进的专家意见法，其实质是有反馈的函询调查。它有两个基本点，即函询和反馈。这种方法采取多轮函询与反馈的方式集中意见，得出结论。该方法的优点是能够克服面对面开会时，与会者附和权威意见，不敢提自己见解的弊端，且费用不高。

2. 头脑风暴法

头脑风暴法也称思维共振法、畅谈会法，是美国创造学家亚历克斯·奥斯本首创的一种预测、决策方法。其基本思路是：邀请有关专家在敞开思路、不受约束的气氛下，针对决策问题畅所欲言，通过专家之间的信息交流，引起思维共振，产生连锁效应，从而导致创造性思维的出现。

在头脑风暴法的基础上，人们又提出了反头脑风暴法（又称质疑头脑风暴法）。

3. 其他定性决策方法

其他定性决策方法包括哥顿法、淘汰法、环比法等。

（六）定量决策方法

定量决策方法是利用数学模型优选决策方案的方法。根据所选方案结果的可靠性的不同，一般可将定量决策方法分为确定型决策方法、风险型决策方法和不确定型决策方法三类。

1. 确定型决策方法

确定型决策方法的特点是，只要满足数学模型的前提条件，模型就得出特定的结果。盈亏平衡点法是一种确定型决策方法。

2. 风险型决策方法

风险型决策方法又称概率型决策方法、统计型决策方法或随机型决策方法。对方案不多而又比较复杂的决策问题，可通过决策树法加以解决。

3. 不确定型决策方法

不确定型决策方法是指决策者对未来事件的结果不能确定，但可以通过对各种因素的分析，估算出未来事件在各种自然状态下的损益值的一种决策方法。不确定型决策方法主要有保守法（小中取大法）、冒险法（大中取大法）、后悔值法、折中法、等概率法等。

四、自测练习

（一）单项选择

1. 某企业试图改变经营方向，需要企业高层管理者做出决策。这种决策属于（　　）。

A. 战略性决策 B. 战术性决策
C. 业务性决策 D. 程序化决策

2. 经常重复发生，能按已规定的程序、处理方法和标准进行的决策，属于（　　）。

A. 日常管理决策 B. 程序化决策
C. 确定型决策 D. 风险型决策

3. 具有极大的偶然性和随机性，又无先例可循且有大量不确定性的决策，如新产品的营销组合方案决策，属于（　　）。

A. 风险型决策 B. 不确定型决策
C. 程序化决策 D. 非程序化决策

4. 决策的起点是（　　）。

A. 拟订可行的方案 B. 确定决策原则
C. 确定决策目标 D. 识别问题

5. （　　）也称思维共振法、畅谈会法。

A. 决策树法 B. 哥顿法 C. 头脑风暴法 D. 等概率法

6. 常见的风险型决策方法有（　　）。

A. 德尔菲法 B. 决策树法 C. 头脑风暴法 D. 哥顿法

7. 某企业生产某种产品，固定成本为15万元，单位可变成本为1 000元，单位售价为2 200元，则该产品的盈亏平衡点是（　　）台。

A. 25 B. 100 C. 125 D. 12.5

8. 某企业生产某种产品，固定成本为300万元，单位可变成本为40元，单位售价为55元，那么，当该企业的产量达到20万件时，其总成本为（　　）万元。

A. 110 B. 1 010 C. 1 100 D. 11 000

9. 某企业在下一年度有甲、乙、丙三种产品方案可供选择，每种方案都面临"畅销""较好""一般"和"滞销"四种状态，各种方案的概率和损益值（单位：万元）如表6-1所示。那么，用决策树法选出的最优方案是（　　）方案。

A. 甲 B. 乙 C. 丙 D. 甲和乙

表6-1　各种方案的概率和损益值

项　目	畅销	较好	一般	滞销
	0.4	0.2	0.3	0.1
甲	110	80	50	0
乙	90	60	40	20
丙	70	50	30	10

10. 某企业拟开发新产品，有甲、乙、丙三种方案可供选择，各种方案在"畅销""一般""滞销"市场状态下的损益值（单位：万元）如表6-2所示，则用冒险法选取的最优

方案为（　　）方案。

　　A. 甲　　　　　　B. 乙　　　　　　C. 丙　　　　　　D. 甲和乙

表6-2　各种方案的损益值

项　目	畅　销	一　般	滞　销
甲	65	45	40
乙	80	50	0
丙	120	40	-40

11. 某企业拟开发新产品，有甲、乙、丙三种方案可供选择，各种方案在"畅销""一般""滞销"市场状态下的损益值（单位：万元）如表6-2所示，则用保守法选取的最优方案为（　　）方案。

　　A. 甲　　　　　　B. 乙　　　　　　C. 丙　　　　　　D. 乙和丙

12. 某企业拟开发新产品，有甲、乙、丙三种方案可供选择，各种方案在"畅销""一般""滞销"市场状态下的损益值（单位：万元）如表6-2所示。假设最大值系数为0.7，则用折中法选取的最优方案为（　　）方案。

　　A. 甲　　　　　　B. 乙　　　　　　C. 丙　　　　　　D. 甲和丙

（二）多项选择

1. 为了执行战略性决策，合理、有效地处理组织内部的一些重大问题而做出的决策，如财务决策、销售计划决策等，就是（　　）。

　　A. 战术性决策　　　　　　　　　　B. 策略性决策
　　C. 战略性决策　　　　　　　　　　D. 业务性决策

2. 按照决策的重要程度，可以将决策分为（　　）。

　　A. 职能性决策　　　　　　　　　　B. 业务性决策
　　C. 战略性决策　　　　　　　　　　D. 战术性决策

3. 由基层管理者制定，为了执行战略性决策和战术性决策，对日常生产经营活动中有关提高效率和效益、合理组织业务活动等方面所做的决策，属于（　　）。

　　A. 职能性决策　　　　　　　　　　B. 业务性决策
　　C. 战术性决策　　　　　　　　　　D. 日常管理决策

4. 按照决策的条件，可以将决策分为（　　）。

　　A. 确定型决策　　　　　　　　　　B. 程序化决策
　　C. 风险型决策　　　　　　　　　　D. 不确定型决策

5. 群体决策与个人决策相比，下列说法中，正确的是（　　）。

　　A. 群体决策中责任模糊　　　　　　B. 群体决策方案更容易被接受
　　C. 群体决策效率高　　　　　　　　D. 群体决策比个人决策的精确性强

6. 定性决策方法是决策者根据所掌握的信息，通过对事物运动规律的分析，在把握事物内在本质联系的基础上进行决策的方法。定性决策方法主要有（　　）。

  A. 德尔菲法   B. 头脑风暴法
  C. 盈亏平衡点法   D. 哥顿法

 7. 德尔菲法是一种改进的专家意见法，其实质是有反馈的函询调查。它有两个基本点，即（　　）。

  A. 预测   B. 决策   C. 函询   D. 反馈

（三）判断正误

1. 决策者所选择的方案一定是最优方案。（　　）
2. 战略性决策主要是由组织的中高层管理者制定的。（　　）
3. 相较于个人决策，群体决策的效率较低。（　　）
4. 运用德尔菲法进行决策时，对专家成员的意见采用统计方法予以定量处理，所以它是定量决策方法。（　　）
5. 头脑风暴法与质疑头脑风暴法一正一反，若运用得当，可以起到互补作用。（　　）

（四）名词解释

1. 决策
2. 德尔菲法
3. 头脑风暴法

五、模拟实训

项目： 模拟头脑风暴法进行决策

要求：

1. 5~10人为一个小组，由辅导老师或学生自己拟定问题。
2. 推举一位主持人、一位记录员。
3. 大家各抒己见，提出自己的观点。
4. 主持人带领大家分析和讨论所有观点，得出结论。

（参考问题：网络考试和传统的笔试，哪个更适合用于对学生进行考核？）

六、案例讨论

案例6-1　准确决策与盲目投资

  大平陶瓷厂是一家中型企业，出于种种原因，2013年停产近一年，亏损2 500万元，濒临倒闭。2014年初，郑丙坤出任厂长。面对停水、停电、停工资的严峻局面，老郑认真分析厂情，并果断做出决策：治厂先从人事制度改革入手，把科室及分厂的管理人员减掉

3/4，充实到生产第一线，形成一人多用、一专多能的治厂队伍。老郑还在全厂推行"一厂多制"的经营方式：对生产主导产品的一分厂、二分厂采取"四统一"（统一计划、统一采购、统一销售、统一财务）的管理方法；对墙地砖分厂实行股份制改造；对特种耐火材料厂实行租赁承包。

改制后的大平陶瓷厂像开足马力的列车一样急速运行，但在运行中，企业规模跟不上市场的劣势逐渐显现，严重束缚了企业的发展。有人主张贷巨款、上大项目；有人建议投资上千万元，再建一条大规模的辊道窑生产线，显示新领导班子的业绩。老郑根据职工代表大会的建议，果断决定将生产成本高、劳动强度大、产品质量差的86米明焰煤烧隧道窑扒掉，建成98米隔焰煤烧隧道窑，并对一分厂的两条老窑进行技术改造，结果仅花费不到500万元，便使其生产能力提高了1倍。该厂逐步形成了年产800万件卫生瓷、200万平方米墙地砖、5 000吨特种耐火材料、三大系列200多个品种的生产能力。2015年，国内生产厂家纷纷上高档卫生瓷，厂内外也有不少人建议赶"潮流"。对此，老郑没有盲目决策，而是冷静地分析行情。在经过认真调查论证后，他认为，中低档瓷的国内市场潜力很大，一味上高档产品不符合行情。于是，该厂新上了20多个中低档产品，这些产品一投入市场便成了紧俏货。目前，新产品产值占总产值的比例已达到60%以上。

与大平陶瓷厂形成鲜明对比的是上佳陶瓷公司。该公司也是一家中型企业，20世纪90年代初，它曾是全省建材行业的"三面红旗"之一。然而，在市场经济大潮的冲击下，由于盲目轻率，企业重大决策出现失误，使这家原本生意红红火火的公司债台高筑。

2010年，该公司原计划投资1 200万元建大断面窑生产线，但是为了赶市场"潮流"，公司管理层不经论证就将其改建成辊道窑生产线，共投资1 700万元。由于该生产线建成时市场"潮流"已过，投产后，公司一直亏损。在产销无望的情况下，公司只好投入1 000多万元再建大断面窑，这使公司元气大伤，债台高筑，仅欠银行贷款就达3 000多万元。五年来，该公司先后做出失误的重大经营决策六项，资产损失近千万元。

大平陶瓷厂由衰变强和上佳陶瓷公司由强变衰形成了鲜明的对比。

问题：
1. 决策包括哪些基本内容？其中的关键步骤是什么？
2. 案例中两家企业形成鲜明对比的原因是什么？
3. 科学决策时需要注意哪些问题？

案例6-2　泛美航空公司的陨落

泛美航空公司是美国境外航线最多、历史最久的航空公司，也是美国国家航运业的化身。经过50多年的发展，20世纪80年代初泛美航空公司成为全美第三大航空公司。

1927年，美国的航空业还处于初创时期，这一年，泛美航空公司成立。20世纪40年代后期，泛美航空公司已具备全球航运的能力。第二次世界大战期间，泛美航空公司与政府密切合作，从而迅速发展起来。

1980年，泛美航空公司进行技术改造，淘汰老旧、费油的20架B707客机，选择洛克希德制造的L1101-500型宽体客机。但就在此时，与波音707性能相似，但成本更低的新型飞机纷纷上市，如麦道公司的MD80，波音公司的波音757、波音B767等。相比之下，L1101-500型宽体客机的单位飞行成本明显比新机种高得多，泛美航空公司为此后悔不已。

为了摆脱困境，泛美航空公司不得不抛售一些贵重的非空运资产。尽管采取了"拆东墙补西墙"的办法，但公司还是没能摆脱困境。在1988年美国八家民航公司排名中，泛美航空公司位居最末。

1990年开始的美国经济衰退和接着爆发的海湾战争，使美国航空公司的生意惨淡，泛美航空公司更是亏损严重，被迫于1991年1月宣告破产，成为当年倒闭的第三家美国民航公司。

问题：

1. 泛美航空公司陨落的原因是什么？
2. 管理者可以从中得到哪些启示？

第七章　组织结构设计

最近，动物王国来了一只野心勃勃的老狼，它仗着自己懂技术，又进修了一些管理方面的课程，立志创业当老板。老狼的朋友阿猫帮它弄到了一些产品订单，老狼又向理性的猪借了一笔钱，注册成立了公司，公司里大约有 50 名狼崽员工。公司实行一人管理制，老狼几乎处理公司包括从计划、营销、人事到生产监督的所有事务。

由于公司已经投入运营，老狼全盘掌管公司，制定所有的决策，而向它汇报工作的狼崽们执行每天的日常工作。老狼要处理的问题如下：

(1) 企业发展计划。
(2) 建立和保持与现有的、潜在的顾客的联系。
(3) 筹资并处理日常的财务问题。
(4) 招募新的狼崽员工。
(5) 解决生产中的问题。
(6) 监管库存、货物接收和发运。
(7) 在狼秘书的帮助下管理日常的办公事务。

老狼投入相当多的时间来指导狼崽们该做什么和不该做什么。一旦看到自己不喜欢的事情，老狼就会叫附近的狼崽来处理。

起初，老狼尚能应付，但随着生产规模的扩大，它越来越感到力不从心，尽管每天忙忙碌碌，效率却很低。河马医生提醒老狼要注意身体。

这个故事告诉我们，在创业初期，由于公司规模小，管理事务简单，老狼作为创始人，负责处理公司的一切事务，尚能应付。可久而久之，随着规模的扩大，老狼便会感到力不从心。那么，如何帮助老狼摆脱困境？办法之一就是为老狼的公司设计合理的组织结构，即根据公司的目标，结合外部环境和内部条件，对公司进行职能划分、部门划分和人员配备。通过本章的学习，你将能够掌握组织结构设计的原则与影响因素等内容。

一、学习进度及学时安排

请在第 9 周完成本章内容的学习，至少安排 7 课时的学习时间。

二、本章知识地图

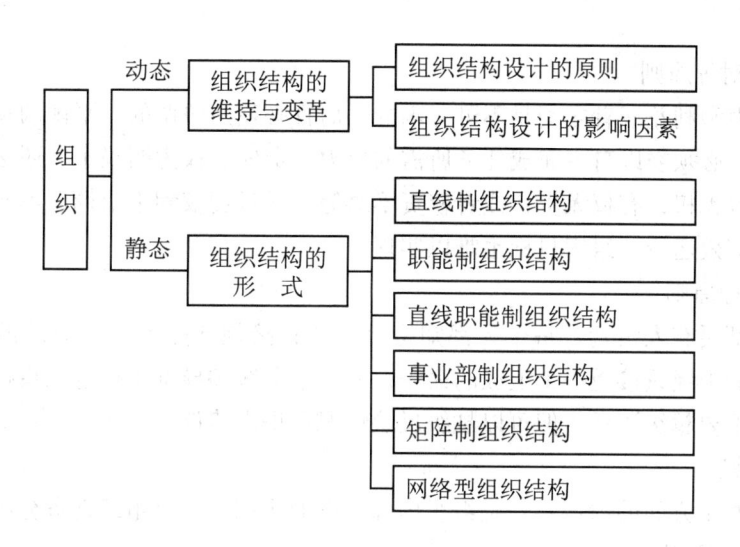

```
                    ┌─ 组织结构设计的原则
         ┌─ 动态 ─ 组织结构的 ─┤
         │        维持与变革    └─ 组织结构设计的影响因素
         │
         │                     ┌─ 直线制组织结构
组织 ─────┤                     │
         │                     ├─ 职能制组织结构
         │                     │
         └─ 静态 ─ 组织结构的 ─┼─ 直线职能制组织结构
                   形  式       │
                               ├─ 事业部制组织结构
                               │
                               ├─ 矩阵制组织结构
                               │
                               └─ 网络型组织结构
```

三、内容提要

（一）组织结构的含义

在管理学中，组织的含义可以从静态和动态两个方面来理解。静态方面，指的是组织结构，即反映人、职位、任务以及它们之间特定关系的网络。动态方面，指的是维持与变革组织结构，以实现组织目标的工作过程。

要认识组织结构的含义，必须把握以下三个方面的关键要素：

（1）组织结构决定了组织中的正式报告关系。

（2）组织结构明确了将个体组合成部门、部门再组合成整个组织的方式。

（3）组织结构包含了确保跨部门沟通、协作的制度设计。

（二）组织结构设计的原则

组织结构设计是指一个正式组织为了实现其长期目标或者阶段性目标，设计或变革组织的结构体系的工作。

在设计组织结构时，必须遵循以下原则：

1. 有效性原则

有效性包括三个方面的含义：

（1）组织结构设计要为组织目标的实现服务。

（2）力求以较少的人员、较少的层次、较短的时间达到较好的管理效果。

（3）组织结构设计的工作过程要有效率。

2. 分工与协作原则

分工与协作是相辅相成的，只有分工，没有协作，分工就失去了意义，而没有分工，就谈不上协作。

3. 责权利对等原则

责任、权力和利益三者之间是不可分割的，而且必须是协调的、平衡的和统一的。在委以责任的同时，必须委以自主完成任务所需的权力。责任、权力明确了，还必须有利益来激励。总之，有责无权，有权无责，或者权责不对等，或者责权利不协调、不匹配等，都会使组织结构不能有效运行，组织目标也难以实现。

4. 分级管理原则

每个职务都要有人负责，每个人都知道自己的直接领导是谁、下级是谁。在正常情况下，等级链上的下级只接受一个上级的命令；每一个上级领导都不得越权指挥，但可以越级检查，下级也不要越级请示，但可以越级反映情况和提出建议。

5. 协调原则

协调涉及两个方面的内容：一是组织内部关系的协调；二是组织任务分配的协调。

6. 弹性结构原则

现代组织理论强调组织结构的设计应具有弹性。所谓弹性，是指一个组织的部门机构、人员的职责和职位都要随环境的变化而做相应的变动。弹性结构原则要求部门机构和职位都具有弹性。

（三）组织结构设计的影响因素

在组织结构设计的过程中，必须考虑到各种因素对最优组织结构设计及选择的影响。组织结构设计的影响因素有多个，如战略、环境、技术、组织规模等。组织结构设计要考虑这些因素的综合作用，才能产生良好的组织绩效。

1. 战略

战略是在综合分析组织内部条件和外部环境的基础上做出的一系列带有全局性和长远性的谋划。组织结构必须服从组织所选择的战略的需要。

2. 环境

任何组织都是在一定的环境中生存和发展的，组织结构必须响应环境变化，才能实现和环境的动态匹配，在环境中生存下来。如果环境稳定，组织就可以设计机械式组织结构。如果环境快速变化，组织就需要设计有机式组织结构。

3. 技术

技术是指组织将输入转化为输出的知识、工具、技能和活动。技术不仅影响组织活动的效果和效率，而且影响组织结构设计。通常，组织所采用的技术与水平不同，组织结构形式也会不同，如集权式或分权式等。

4. 组织规模

组织规模不同，与之相适应的组织结构形式亦有很大的差别。一般来说，规模越大的组织，管理层次越多，工作和部门的数量越多，职能和技能的专业化程度越高，组织的正规化程度越高，分权程度越高，高层管理者的比例越小，专业技术支持人员的比例越高，书面沟通的文件越多。当然，规模不是决定组织结构设计的唯一因素，它与战略、环境、技术等因素共同决定组织结构设计。

（四）直线制组织结构

直线制组织结构是组织发展初期的一种简单结构形式。它的基本特征如下：

（1）组织中的每一位管理者对其直接下属拥有直接职权。

（2）组织中的每一个人只对他的直接上级负责或报告工作。

（3）管理者在其管辖范围内，拥有绝对的职权或完全职权，即管理者对所管辖的部门的所有业务活动行使决策权、指挥权和监督权。

直线制组织结构适用于技术较为简单、业务单纯、规模较小的组织。

（五）职能制组织结构

职能制组织结构是按职能来组织部门分工，设置相应的管理部门和管理职务。

1. 职能制组织结构的主要优点

（1）由于按职能划分部门，各部门的职责容易明确规定，职能目标容易实现。

（2）稳定性强。每个管理者都固定地归属于一个职能部门，专门从事某项职能工作，这就使整个组织系统有较高的稳定性。

（3）各部门和各类人员实行专业化分工，有利于强化专业管理，提高工作效率。

（4）管理权力高度集中，便于最高领导层对整个组织实施严格的控制。

2. 职能制组织结构的主要缺点

（1）横向协作差。高度的专业化分工和稳定性使各职能部门的眼界比较狭窄，容易产生本位主义，造成摩擦和内耗。

（2）对环境变化的适应性差。由于人们主要关心自己的专业工作，这不仅使部门之间的横向协作差，而且妨碍相互间的信息沟通，整个组织系统就不能对外部环境的变化及时做出反应。

（3）组织高层管理者的工作负担往往较重。在职能制组织结构中，部门之间的横向协作只有高层管理者才能解决，加之经营决策权又集中在他们手中，从而导致高层管理者的工作负担较重。

（4）不利于培养素质全面、能够经营管理整个组织的管理人才。

3. 职能制组织结构的适用范围

职能制组织结构主要适用于中小型、产品品种比较单一、生产技术发展变化较慢、外部环境比较稳定的组织。

（六）直线职能制组织结构

直线职能制组织结构是现代工业中常见的一种组织结构形式，亦称为 U 形组织结构或单一职能型组织结构、单元组织结构。

1. 直线职能制组织结构的特征

直线职能制组织结构的特征：以直线为基础，在各级行政主管之下设置相应的职能部门从事专业管理，并作为该级行政主管的参谋，进而实现主管统一指挥与职能部门参谋指导相结合。在这种组织结构下，下级机构既受上级部门的管理，又受同级职能部门的业务指导和监督。各级行政领导逐级负责，高度集权。因此，这是一种按管理职能划分部门，并由最高经营者直接指挥各职能部门的组织结构形式。

2. 直线职能制组织结构的优点

直线职能制组织结构的优点：既保留了直线制组织结构集中统一指挥的优点，又吸收了职能制组织结构分工细密、注重专业化管理的长处，从而有助于提高管理工作的效率。

3. 直线职能制组织结构的缺点

（1）这种组织结构属于典型的集权式结构，权力集中于最高管理层，下级缺乏必要的自主权。

（2）各职能部门之间的横向协作差，容易产生脱节和矛盾。

（3）这种组织结构建立在高度的"职权分裂"基础之上，各职能部门与直线部门之间如果目标不统一，容易产生矛盾。特别是对于需要多部门合作的事项，往往难以确定责任的归属。

（4）信息传递路线较长，反馈较慢，难以适应环境的迅速变化。

4. 直线职能制组织结构的适用范围

直线职能制组织结构适用于产品品种单一、销量大、决策信息较少的组织，大中型组织较普遍采用。

（七）事业部制组织结构

事业部制组织结构亦称 M 形组织结构或多部门组织结构，有时也称产品部式组织结构或战略经营单位。

1. 事业部制组织结构的特征

事业部制组织结构是一种分级管理、分级核算、自负盈亏的组织结构形式，即一个组织按地区或产品类别分成若干个事业部，从产品设计、原料采购、成本核算、产品制造到产品销售，均由事业部及其所属工厂负责，实行自主经营、独立核算，总部只保留人事决策、预算控制和监督大权，并通过利润等指标对事业部进行控制。

2. 事业部制组织结构的优点

（1）总部领导可以摆脱日常事务，集中精力考虑全局问题。

（2）事业部实行自主经营、独立核算，更能发挥经营管理的积极性，更利于组织专业化生产和实现组织的内部协作。

（3）各事业部之间有比较、有竞争，有利于组织的发展。

（4）事业部内部的供、产、销等职能之间容易协调。

（5）事业部经理要从事业部整体来考虑问题，这有利于培养和训练全能型管理人才。

3. 事业部制组织结构的缺点

（1）总部与事业部的职能机构重叠，造成管理人员浪费。

（2）事业部实行独立核算，导致各事业部只考虑自身的利益，影响事业部之间的协作。

（3）科研资源的分散使用使得深层次研究活动难以开展。

4. 事业部制组织结构的适用范围

事业部制组织结构适用于规模庞大、产品品种繁多、技术复杂的大型组织。当总部的无形资产有巨大吸引力且总部的管理能力很强，事业部又有独立的市场和独立的利益时，适宜选择事业部制组织结构。

（八）矩阵制组织结构

矩阵制组织结构是把按职能划分的部门和按产品（项目）划分的小组结合起来组成一个矩阵，组织成员既与原职能部门保持组织和业务上的联系，又参加产品（项目）小组的工作的一种组织结构形式。

1. 矩阵制组织结构的特征

矩阵制组织结构的特征表现为围绕某项专门任务成立跨职能部门的专门机构。这种组织结构形式是固定的，人员却是变动的。

2. 矩阵制组织结构的优点

（1）将组织的横向与纵向关系相结合，有利于协作生产和适应环境变化的需要。

（2）针对特定的任务进行人员配置，有利于发挥个体优势，集众家之长，能提高项目完成的质量和劳动生产率。

（3）各部门人员不定期的组合有利于信息交流，增加互相学习的机会，提高专业管理水平。

3. 矩阵制组织结构的缺点

（1）项目负责人的责任大于权力，没有足够的激励手段与惩治手段；项目组成人员面临双重的职权关系，容易产生无所适从和混乱感。

（2）由于项目组成人员来自各个职能部门，任务完成后，他们仍要回原单位，因而容易产生临时观念，对工作有一定影响。

（3）项目组成人员需要有良好的人际关系技能，并接受高强度的训练。

（4）耗费时间，需要频繁开会来讨论冲突解决方案。

4. 矩阵制组织结构的适用范围

（1）拥有中等规模和中等数量产品线的组织适宜采用矩阵制组织结构。

（2）当环境充满不确定性和部门之间存在高度依存关系时，适宜采用矩阵制组织结构。

（九）网络型组织结构

1. 网络型组织结构的特征和表现形式

网络型组织结构是利用现代信息技术建立与发展起来的一种新型的组织结构形式。网络型组织结构是一种较小的中心组织，依靠其他组织以合同为基础进行制造、分销、营销或其他关键业务的经营活动的组织结构形式。网络型组织结构是以契约关系的建立和维持为基础，依靠外部机构进行制造、销售或其他重要业务经营活动的组织结构形式。

2. 网络型组织结构的优点

（1）降低了管理成本，提高了管理效率。

（2）实现了更大范围内供应链与销售环节的整合。

（3）简化了机构和管理层次，实现了充分授权式的管理。

3. 网络型组织结构的缺点

网络型组织结构不仅需要外部环境的支持，而且要求组织有能力利用现代信息技术。

4. 网络型组织结构的适用范围

网络型组织结构需要组织有相当大的灵活性，以对环境的变化做出迅速反应。网络型组织结构适用于那些制造活动需要低廉劳动力的组织。

（十）组织变革

1. 组织变革的类型

组织变革一般分为适应性变革、激进性变革和创新性变革三种。

适应性变革是渐进的变革，较容易为组织成员接受。

激进性变革是大规模的、高压力的变革，变革的代价很大，一旦成功，对组织的前途将产生决定性的影响。

创新性变革介于适应性变革和激进性变革之间，变革的范围和程度也较大，可能会对组织产生比较大的冲击。

2. 组织变革与组织发展的关系

组织发展是以人员优化和组织气氛协调为思路，通过组织层面的长期努力改进和更新组织，以实现系统的组织变革。

组织发展与组织变革有着十分密切的关系。组织发展可以看成实现有效组织变革的手段。

3. 组织变革与组织文化的关系

组织文化影响组织成员如何解决内外部问题，指导组织新成员如何正确地理解事物、思考事物和感知事物。组织在追求经济绩效的同时，一定要关注组织文化建设，让组织文化与组织战略协同，与组织最需要完成的事情协同，塑造组织微观主体的思维方式和行为方式，实现组织的可持续成长。

四、自测练习

（一）单项选择

1. 在管理学中，静态方面，组织的含义是（　　）。
   A. 人事关系　　　　B. 组织目标　　　　C. 组织结构　　　　D. 责权利关系
2. 组织结构设计必须与（　　）相匹配。
   A. 组织目标　　　　B. 管理理念　　　　C. 组织结构　　　　D. 战略计划
3. 矩阵制组织结构属于（　　）。
   A. 机械式组织结构　　　　　　　　　B. 有机式组织结构
   C. 直线式组织结构　　　　　　　　　D. 平行式组织结构
4. 在快速变化的环境下，需要设计有机式组织结构，如（　　）。
   A. 直线制组织结构　　　　　　　　　B. 直线职能制组织结构
   C. 职能制组织结构　　　　　　　　　D. 矩阵制组织结构
5. 责任、权力、利益三者之间不可分割，必须是协调的、平衡的和统一的。这就是组织结构设计的（　　）。
   A. 责权利对等原则　　　　　　　　　B. 分工与协作原则
   C. 分级管理原则　　　　　　　　　　D. 弹性结构原则
6. 组织采用大批量生产，如汽车装配线，需要高度集权，则组织结构设计时应采用（　　）。
   A. 有机式组织结构　　　　　　　　　B. 复杂式组织结构
   C. 机械式组织结构　　　　　　　　　D. 简单式组织结构
7. 组织采用小批量生产和全自动生产，则组织结构设计时应采用宽松、灵活的组织结构，如（　　）。
   A. 复杂式组织结构　　　　　　　　　B. 有机式组织结构
   C. 机械式组织结构　　　　　　　　　D. 简单式组织结构
8. 下列组织结构形式中，（　　）最适用于组织部门间的横向协作和攻关项目。
   A. 职能制组织结构　　　　　　　　　B. 直线职能制组织结构

C. 事业部制组织结构　　　　　　　　D. 矩阵制组织结构

9. M形结构又称多部门结构，即（　　）。

A. 职能制组织结构　　　　　　　　B. 事业部制组织结构
C. 直线职能制组织结构　　　　　　D. 矩阵制组织结构

10. 某公司为了完成一项紧急任务，从各部门抽调有关人员成立了临时科研小组，任务完成后小组自动解散。这种组织结构就是（　　）。

A. 直线制组织结构　　　　　　　　B. 事业部制组织结构
C. 职能制组织结构　　　　　　　　D. 矩阵制组织结构

（二）多项选择

1. 许多学者认为，组织结构的特征可以描述为复杂性、正规化、职权层级和集权化，由此可以将组织结构形式分为两大类，即（　　）。

A. 机械式组织结构　　　　　　　　B. 有机式组织结构
C. 集权式组织结构　　　　　　　　D. 分权式组织结构

2. 组织结构设计的原则包括（　　）。

A. 有效性原则　　　　　　　　　　B. 分工与协作原则
C. 责权利对等原则　　　　　　　　D. 分级管理原则

3. 坚持组织结构设计的弹性结构原则要做到（　　）。

A. 按任务和目标需要设立岗位　　　B. 管理者定期更换
C. 实行成员一专多能　　　　　　　D. 实行多种用工制度

4. 现代组织理论非常强调组织结构的设计应具有弹性，也就是说，（　　）都要随环境的变化而做相应的变动。

A. 组织的部门机构　　　　　　　　B. 人员的职责
C. 利润的高低　　　　　　　　　　D. 人员的职位

5. 如果外部环境是稳定的，组织就可以设计刚性的、集权的机械式组织结构，如（　　）。

A. 网络型组织结构　　　　　　　　B. 直线职能制组织结构
C. 职能制组织结构　　　　　　　　D. 直线制组织结构

6. 影响组织结构设计的因素有很多，如（　　）等。

A. 战略　　　　　B. 技术　　　　　C. 环境　　　　　D. 组织规模

7. 事业部制组织结构又称（　　）。

A. M形组织结构　　　　　　　　　B. 多部门组织结构
C. W形组织结构　　　　　　　　　D. 产品部式组织结构

8. 直线职能制组织结构比直线制组织结构和职能制组织结构更具有优势，这是因为（　　）。

A. 它保留了直线制组织结构集中统一指挥的特点

B. 分工非常细密

C. 注重专业化管理

D. 下属有灵活的自主权

9. 组织变革一般可以分为（　　）。

A. 特殊性变革　　　　B. 适应性变革　　　　C. 创新性变革　　　　D. 激进性变革

（三）判断正误

1. 组织结构设计的弹性结构原则就是要求组织机构设计具有一定的弹性，而对人员的职责与职位没有特别的要求。（　　）

2. 事业部制组织结构是一种分级管理、分级核算、自负盈亏的组织结构形式。（　　）

3. 高科技和适宜的外部环境是网络型组织结构的基础条件。（　　）

4. 组织发展是管理层的事，与普通员工无关。（　　）

5. 组织结构设计必须与组织目标相匹配。（　　）

（四）名词解释

1. 组织

2. 组织结构设计

3. 事业部制组织结构

五、模拟实训

项目：了解并分析一家企业单位的组织结构

要求：

1. 将所在班级学生进行分组，约5个人为一个小组，走访该单位。

2. 了解该单位组织结构的设计情况。

3. 分析该单位的组织结构属于哪种类型。

4. 试着画出该单位的组织结构示意图。

六、案例讨论

案例7-1　"×媒体"资讯科技公司的组织结构

早上8：30，当一般上班族拎着早点进入公司时，"×媒体"资讯科技公司（以下简称"×媒体"）的经营团队早已坐在会议室和董事长翁素惠一起开会了。

"人才是公司最重要的资产。"翁素惠说。

翁素惠领导的经营团队——技术研发和营销是公司的两大支柱。总经理施明信负责带领技术研发团队，翁素惠十分倚重他对于网路未来趋势的分析和软件技术的研发；营销的负责人是副总经理柯佳伶。

另外，翁素惠相当依赖的幕僚包括"铁三角"：技术研发执行长施志明、负责财务的副总经理陈铭德和担任公关及发言人的副总经理李培芬。

翁素惠尊重他们的专长，也善用他们的专业。如何使科技人了解营销、营销人理解科技，使二者结合发挥乘数效应？"最大的秘诀就是建立共同愿景。"翁素惠说。

对于互联网未来的发展，翁素惠充满信心地表示："我告诉他们，相信我，一定会成功。""×媒体"最大的目标就是结合互联网、销售渠道与广告媒体，使自己成为亚太地区"电子通路应用服务商"的领导品牌，而成就这项愿景最重要的就是人才和资金。

问题：
1. "×媒体"的组织结构属于哪种形式？请画出组织结构示意图。
2. 对于日新月异、竞争激烈的网络行业，你认为"×媒体"的组织结构应如何适应？

案例7-2 某企业的组织结构问题

某生产传统工艺品的企业，伴随着我国对外开放政策逐渐发展壮大起来。近十年来，该企业的销售额和出口额平均增长15%以上，员工也由原来的不足200人增加到2 000多人。在组织结构形式方面，该企业还是采用过去的直线制组织结构，"一把手"王厂长既管销售，又管生产。可企业发生的一些事情往往让王厂长应接不暇。其一，一直以来，企业都是按订单生产的，由厂长传达生产指令。遇到交货紧，往往是厂长带头，和员工一起挑灯夜战。这样做，虽然能按时交货，但产品质量有时不过关，产品被退回，公司遭索赔。其二，以前企业招聘员工数量少，王厂长一人就可以决定。可现在每年要招收员工近50人，还涉及人员的培训等事项，王厂长一人肯定忙不过来。其三，过去总是王厂长临时抓人去做后勤等工作，现在也因为这方面的事情太多，临时抓人去做已经不可能了。凡此种种，以前可行的管理方法已经失去作用。

问题：
请从组织工作的角度说明该企业组织结构存在的问题，并提出改进措施。

第八章　人员配备

　　第一次龟兔赛跑，由于兔子骄傲，乌龟赢了。兔子不服，要求再比一次。这一次，兔子由于路线错误，又输了。第三次，兔子终于赢了。可乌龟又不服气了，说这样的比赛不合理，要求改变比赛路线，且途中要越过一条河。比赛又开始了。兔子加油快跑，可跑到河边，就犯愁了。它沿着河边跑来跑去，想办法。这时，乌龟慢悠悠地爬过来，缓缓地游过河去。兔子再次输了。这一次，兔子和乌龟没有再争论，因为它们明白，在陆地上跑，兔子比乌龟有优势，而要越过一条河，兔子就远不是乌龟的对手。它们想：为什么要这样竞争呢？为什么不能相互协作？最后它们达成协议：在陆地上，兔子驮着乌龟跑；到了水里，乌龟驮着兔子游。合理搭配、优势互补，这样就能收到良好的效果。

　　人与人之间的合作不是简单的人力相加。在人与人的合作中，如果每个人的能力为 1，那么 N 个人合作的结果可能大于 N，也可能小于 N，甚至小于 1。之所以出现这样复杂的结果，原因就在于合作各方是否搭配合理。如果搭配合理，就能够收到事半功倍的效果。因此，组织中的人员配备问题是影响组织效率的主要因素。

　　本章将介绍如何为组织中的每个职位（特别是管理职位）配备合适的人员。在人员配备过程中，管理者应力求做到人尽其才、因事择人，使每个人都能被安排在最合适的岗位上。

一、学习进度及学时安排

请在第 10 周完成本章内容的学习，至少安排 7 课时的学习时间。

二、本章知识地图

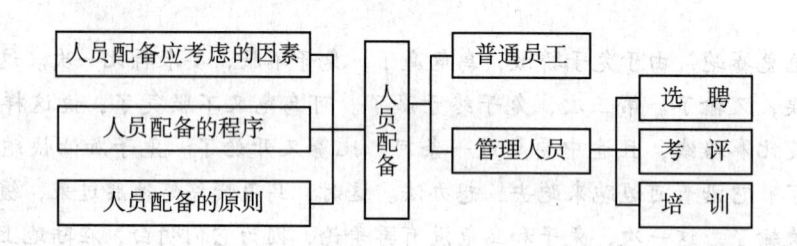

```
人员配备应考虑的因素 ┐              ┌ 普通员工      ┌ 选 聘
人员配备的程序     ├─ 人员配备 ─┤           ├ 考 评
人员配备的原则     ┘              └ 管理人员      └ 培 训
```

三、内容提要

（一）人员配备应考虑的因素

人员配备是根据组织结构规定的职位数量与要求，对所需人员进行恰当有效的选拔、使用、考评和培养，以合适的人员去充实组织中的各个职位，保证组织活动正常进行，并实现组织既定目标的活动。

人员配备包括管理人员的配备和普通员工的配备。开展有效的人员配备工作，需要从组织需要和组织成员需要两个角度去考虑。

1. 从组织需要的角度去考虑

组织需要这样的人：有知识和有能力；对组织有较高的忠诚度。另外，要考虑为组织的发展和可能的人员流动储备力量。

2. 从组织成员需要的角度去考虑

从组织成员需要的角度去考虑时应注意以下问题：每个组织成员需要什么样的工作；保证给每个组织成员找到适合的岗位；关注组织成员的成长和职业生涯的发展。

（二）人员配备的程序

人员配备一般要经过以下几个步骤：

（1）制订用人计划。
（2）确定人员的来源。
（3）考察待聘人员。
（4）培训备选人员。

(5) 调配备选人员。
(6) 业绩考评。

（三）人员配备的原则

组织在人员配备过程中应遵循以下原则：
(1) 因事择人原则，即要根据工作的需要配备人员。
(2) 量才使用原则，即要根据人的能力和特点来安排工作。
(3) 人事动态平衡原则，即人与事的配合需要不断进行调整，尽量使所有人的能力都与其工作相匹配。
(4) 程序化与规范化原则，即组织成员的选拔与录用必须遵循一定的程序和规范。

（四）管理人员需要量的确定

确定管理人员的需要量时应该考虑以下因素：
(1) 组织现有的规模、结构和岗位。
(2) 管理人员的流动率。要考虑自然的和非自然的管理人员的减员情况。
(3) 组织发展的需要。要预测和评估组织发展与业务扩充的要求。

（五）管理人员的来源

管理人员主要来自两个方面：内部提升和外部招聘。

1. 内部提升

内部提升是指组织内部成员的能力增强并得到充分证实后，被委以需要承担更大责任的更高职位。

内部提升有以下优点：有利于调动组织成员的工作积极性；有利于吸引外部人才；有利于保证选聘工作的准确性；有利于被聘者迅速开展工作。

内部提升也存在缺点，具体表现如下：引起同事之间的不团结；可能造成"近亲繁殖"的现象，并抑制组织的创新力。

2. 外部招聘

外部招聘是指根据一定的程序和规范，从组织外部的众多候选人中选拔符合空缺职位要求的管理人员。

外部招聘的优点：外部招聘的管理人员具有"外来优势"，没有"历史包袱"，如果外部招聘的管理人员确实具有较强的工作能力，便可迅速地打开工作局面；有利于平息与缓和内部竞争者之间的紧张关系；能够为组织带来新的管理方法和经验。

外部招聘的缺点：外部招聘的管理人员很难迅速打开工作局面；组织不能深入了解外部招聘的管理人员的情况；外部招聘会打击内部成员的工作积极性。

（六）管理人员的选聘标准

1. 强烈的管理欲望

强烈的管理欲望是管理人员从事管理工作的基本前提。管理意味着对权力的运用，一个没有强烈的管理欲望的人，就不会很好地运用权力，从而影响组织目标的实现。

2. 良好的道德品质

良好的道德品质是每个组织成员都应具备的基本素质，对管理人员更是如此。

3. 富有创新精神

只有不断创新，组织才能充满生机，不断发展。

4. 良好的决策能力

管理过程中充满决策。决策能力是管理人员应具备的一项重要能力。

5. 较强的沟通能力

管理人员既要善于理解别人，也需要别人的理解。沟通的效果决定了管理人员与组织成员相互理解、相互信任的程度。管理人员必须具有较强的沟通能力。

6. 较强的组织协调能力

管理人员的职责之一就是实现组织内部各部门、各环节的密切配合，这就要求管理人员具有较强的组织协调能力。

7. 相应的业务知识和技术水平

管理人员未必是专家，但了解一定的业务知识、具备一定的技术水平和能力仍是管理人员不可缺少的条件。

8. 良好的身体素质

管理工作的劳动强度很大，这就要求管理人员必须有健康的体魄和充沛的精力。

（七）管理人员的选聘程序与方法

1. 选聘程序

（1）制订选聘计划。选聘计划的内容包括选聘人员数量、选聘人员岗位分布、选聘的程序安排、选聘的组织保证等。

（2）初步筛选。根据应聘者提交的申请表以及一些间接资料，结合管理人员的选聘标准，对应聘者进行初步筛选。

（3）测试。常见的选聘方法有笔试、面谈和情景模拟训练。

（4）聘任。按入选者的排列顺序向入选者发出聘任通知。

（5）使用。为保证管理的效率，一般对管理人员有一个试用期，试用合格后再正式聘用。

2. 选聘方法

（1）笔试。笔试通常包括智力测验、业务测验和人格测验。

（2）面谈。有效的面谈往往可以获得其他方式得不到的有用信息。

（3）情景模拟训练。情景模拟训练的主要内容包括"文件篓测试"、无领导小组讨论、管理竞赛、角色扮演、即席发言。

（八）管理人员考评的内容

管理人员的考评主要涉及两个方面的内容：贡献考评和能力考评。

1. 贡献考评

贡献考评是指考核和评估管理人员在一定时期内担任某个职务的过程中对实现组织目标的贡献程度，即评价和对比组织要求某个管理职务及其所辖部门提供的贡献与该部门的实际贡献。

2. 能力考评

能力考评是指通过考察管理人员在一定时间内的管理工作，评估他们的现实能力和发展潜力，即分析他们是否符合现任职务所需的要求，任现职后素质和能力是否有所提高，能否担任更重要的职务。

（九）管理人员考评的程序和方法

管理人员的考评通常包括以下几个步骤：制订考评计划、考评前的技术准备、实施考评、分析考评结果、反馈考评结果。

常用的管理人员考评的方法包括自我考评、上级考评、群众考评和专家考评。

（十）管理人员培训的内容

1. 业务培训

业务培训能让管理人员熟悉所在部门的业务性质和基本流程，是进行有效管理的前提之一。

2. 管理理论培训

任何层次的管理人员都应该掌握一定的管理理论。

3. 管理能力培训

管理能力包括决策能力、组织协调能力、领导能力等。管理人员的管理能力可以通过科学的培训得到提高。

4. 交际能力及心理素质培训

管理人员与人打交道必须具有较强的交际能力。同时，管理人员还要具备良好的心理素质。

（十一）管理人员培训的方法

1. 在职培训

在职培训的具体方法包括有计划的提升、职务轮换、委以助手职务和临时提升。

2. 脱产培训

脱产培训的形式主要有参加短期培训班、参加知识讲座、定期脱产轮训、到高等院校接受正规教育、参加专题研讨会等。

四、自测练习

(一) 单项选择

1. 根据每个人能力的大小安排合适的岗位，这就是人员配备的（　　）。
   A. 因人设职原则　　　　　　　　B. 量才使用原则
   C. 任人唯贤原则　　　　　　　　D. 因事择人原则

2. 以职位的空缺和实际工作的需要为出发点，以职位对人员的要求为标准，选拔、录用各类人员，这就是人员配备的（　　）。
   A. 因事择人原则　　　　　　　　B. 因人择事原则
   C. 量才使用原则　　　　　　　　D. 经济效益原则

3. 组织内部管理人员主要来自内部提升和外部招聘两个渠道。一般而言，（　　）的选聘多采用外部招聘。
   A. 基层管理人员　　　　　　　　B. 中层管理人员
   C. 高层管理人员　　　　　　　　D. 普通管理人员

4. 应用情景模拟训练测试应聘者有较高的准确度，常用于招聘（　　）。
   A. 中层管理人员　　　　　　　　B. 基层管理人员
   C. 普通管理人员　　　　　　　　D. 高层管理人员

5. 如果考评管理人员的协作精神，主要通过向（　　）获取信息。
   A. 上级　　B. 关系部门　　C. 下属　　D. 主管部门

6. 如果考评管理人员的理解能力和组织执行能力，主要通过向（　　）获取信息。
   A. 上级　　B. 关系部门　　C. 下属　　D. 协作部门

7. 如果考评管理人员的领导能力和影响能力，主要通过向（　　）获取信息。
   A. 关系部门　　B. 上级　　C. 下属　　D. 主管部门

8. 述职报告是对管理人员进行考评的一种方式，它属于（　　）。
   A. 上级考评　　B. 群众考评　　C. 专家考评　　D. 自我考评

9. 有计划地安排管理人员担任同一层次不同的管理职务，从而全面培养管理人员的能力，这是管理人员在职培训的方法之一，即（　　）。
   A. 有计划的提升　　B. 职务轮换　　C. 委以助手职务　　D. 临时提升

(二) 多项选择

1. 从组织需要的角度配备适当的人员，这些人员应该是（　　）。
   A. 有职位的人　　　　　　　　　B. 有知识的人

C. 有能力的人 D. 对组织忠诚的人

2. 以满足组织成员的需要为出发点配备人员，要考虑的有（ ）。
   A. 每个成员都有合适的职位
   B. 每个职位都符合组织成员发展的需要
   C. 每个职位需要什么人
   D. 符合组织的长远发展

3. 组织在人员配备过程中应遵循（ ）。
   A. 因事择人原则 B. 人事动态平衡原则
   C. 量才使用原则 D. 程序化与规范化原则

4. 确定管理人员的需要量时应该考虑的因素有（ ）。
   A. 组织现有的规模、结构和岗位 B. 管理人员的流动率
   C. 组织成员发展的需要 D. 组织发展的需要

5. 管理人员的内部提升机制具有一定的优点，如（ ）。
   A. 有利于调动组织成员的工作积极性
   B. 有利于吸收外部人才
   C. 有利于保证选聘工作的准确性
   D. 有利于被聘者迅速开展工作

6. 对管理人员贡献的考评包括（ ）。
   A. 心理素质考评 B. 业务能力考评
   C. 达标绩效评价 D. 管理绩效评价

（三）判断正误

1. 人员配备的主要任务就是为组织配备合适的管理人员。（ ）
2. 管理人员的工作主要是从事资源协调和管理，没有必要掌握具体的业务知识。（ ）
3. 采用外部招聘的方式选拔管理人员有利于鼓舞士气，调动组织成员的积极性。（ ）
4. 贡献考评是决定管理人员报酬大小的主要依据。（ ）
5. 考评方法和考评系统设计是否合理将直接影响管理人员的考评结果。（ ）
6. 群众考评由下属对管理人员的工作情况给出评价。（ ）
7. 在对管理人员进行考评时，由上级填写的考评表主要用来考评管理人员的领导能力和影响能力。（ ）
8. 管理人员要与各种人相处，可能遇到各种事件，因此需要具有良好的心理素质，这样才能冷静地处理好突发事件。（ ）
9. 从组织需要的角度进行人员配备，就是将有知识、有能力的人安排到组织中，其他条件完全不需要考虑。（ ）

(四) 名词解释

1. 人员配备
2. 内部提升
3. 外部招聘

五、模拟实训

项目： 采访一名人事经理

要求： 通过采访这名人事经理，了解以下问题：

1. 他在组织人才选拔中所扮演的角色。
2. 他所在组织选聘管理人员，包括高层管理人员、中层管理人员和基层管理人员时分别采用哪种渠道。
3. 他所在组织的管理人员的任职期限。

六、案例讨论

案例 8-1 某企业员工的培训问题

老张是某国有大型企业的总经理，多年的商战经验使他意识到，为适应国内外的竞争，保证企业长期健康发展，必须转变观念，加快建立现代企业制度的步伐，同时还需要苦练内功，提高自身的管理水平。而要实现这一切的前提是培训，即通过培训，提高员工的整体素质。过去，企业也组织过不少培训，但基本上是临时聘请几位知名专家，采用所有员工参加、上大课的培训方式，培训过程疏于控制。培训后，有人认为在工作中有用；有人认为没有什么用，想学的没有学到；也有人反映培训方式单一，没有结合工作实际；等等。

问题：

如果你是该公司负责人力资源管理工作的副总经理，你将如何安排公司的培训工作？

案例 8-2 企业怎样留住人才？

某公司是生产日化产品的企业。几年来，公司业务一直发展得很好，销售量逐年上升。每到销售旺季，公司就会到人才市场上大批招聘销售人员。一旦过了旺季，公司就会大量裁减销售人员。就这件事，公司销售经理陈鸿飞曾给总经理蒋明浩提过几次意见，蒋总却说："人才市场上有的是人，只要我们的工资高，还怕招不到人吗？一年四季把他们'养'起来，费用太高了。"因此，公司的销售人员流动性很大，包括一些销售骨干也纷纷跳槽。蒋总对销售骨干极力挽留，但没有效果。他也不以为然，仍按照惯例，到人才市场上招人填补空缺。

终于出事了。在去年公司销售旺季时，跟随蒋总多年的销售经理陈鸿飞和公司大部分销售人员集体辞职，致使公司的销售工作一时近乎瘫痪。这时，蒋总才意识到问题的严重性，因为在人才市场上可以招到一般的销售人员，但不一定能招到优秀的销售人才和管理人才。在这种情况下，他亲自到陈鸿飞家，开出极具诱惑力的年薪，希望他和一些销售骨干能重回公司。然而，这不菲的年薪依然没能够挽回这批曾经与他奋战多年的下属。

直到此时，蒋总才有些后悔，为什么以前没有下功夫留住这些人才呢？同时，他也陷入困惑之中：对于如此高的年薪，他们为什么还会拒绝？到底靠什么才能留住人才呢？

问题：
1. 本案例中主要蕴含了怎样的管理原理？
2. 蒋明浩总经理为什么没能留住人才？

第九章 领导理论与领导艺术

《泾野子·内篇》中记载了这样一则故事：

一户人家有五个儿子，老大老实，老二机灵，老三有眼疾，老四驼背，老五腿有问题。这五个孩子，除了老大和老二，其他的都不健全。但他们的父亲很懂得用人之道，扬长避短。他让老实的务农、机灵的经商、有眼疾的按摩、驼背的搓绳、腿有问题的纺线。结果这五个孩子各得其所，全家衣食无忧。

许多领导者常常感叹没有可用的人才。实际上，不是没有可用之才，而是领导者不懂得用人之道。如果领导者懂得用人之道，能够科学地用人之长，那么组织成员都是可用之才。学完本章内容，你将对领导理论与领导艺术有更深刻的理解。

一、学习进度及学时安排

请在第 11 周完成本章内容的学习,至少安排 7 课时的学习时间。

二、本章知识地图

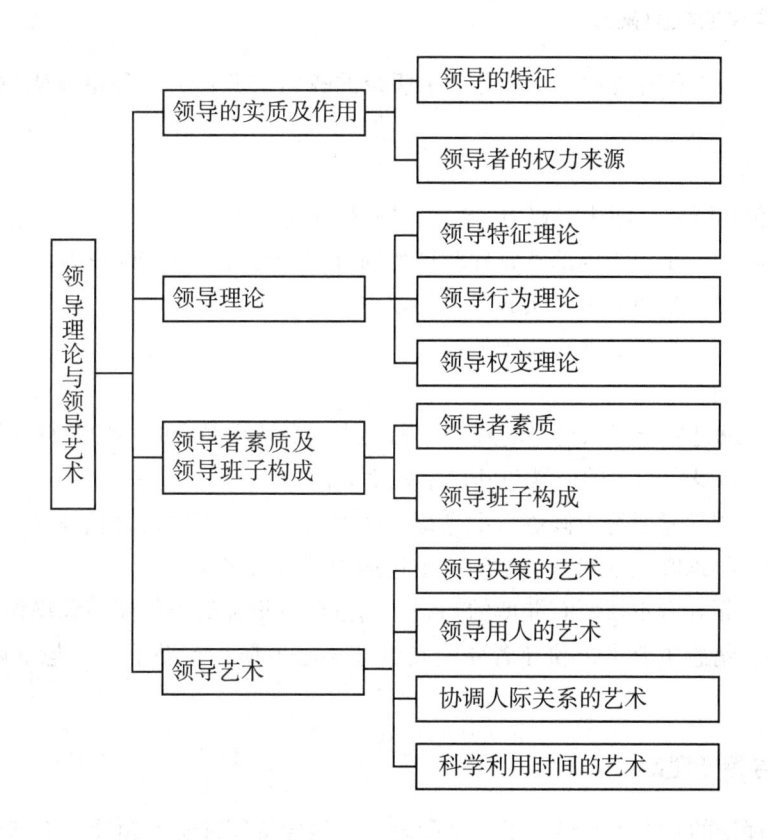

```
                            ┌─ 领导的实质及作用 ─┬─ 领导的特征
                            │                  └─ 领导者的权力来源
                            │
                            │                  ┌─ 领导特征理论
                            ├─ 领导理论 ───────┼─ 领导行为理论
领导理论与领导艺术 ─────────┤                  └─ 领导权变理论
                            │
                            ├─ 领导者素质及 ───┬─ 领导者素质
                            │  领导班子构成    └─ 领导班子构成
                            │
                            │                  ┌─ 领导决策的艺术
                            └─ 领导艺术 ───────┼─ 领导用人的艺术
                                               ├─ 协调人际关系的艺术
                                               └─ 科学利用时间的艺术
```

三、内容提要

(一)领导和领导者

领导是指在一定的社会组织或群体内,为实现组织目标,领导者运用其法定权力和自身影响力影响被领导者的行为,并将其导向组织目标的过程。

领导和领导者是两个不同的概念。领导是由领导者、被领导者、领导行为、组织目标、行为结果等共同构成的内容体系;领导者则是领导行为的主体,是领导的基本要素和领导活动的能动主体。

（二）领导者和管理者

领导者和管理者的主要差别在于权力来源不同。

管理者的权力来源于组织任命，其权力是正式的、合法的。

领导者的权力可以来源于组织任命，也可以自发产生，领导者可以不运用正式权力来影响他人。

（三）领导者的权力来源

领导者的权力来源有两种：一种是基于职位的权力来源；另一种是非职位的权力来源，即自身影响力。

1. 职位权力

职位权力包括三种，即法定权力、奖赏权力和处罚权力。

（1）法定权力，是组织内部各领导职位所固有的合法的、正式的权力。

（2）奖赏权力，是指对他人实施奖赏的权力。

（3）处罚权力，是指对他人实施处罚的权力。

2. 自身影响力

自身影响力就是领导者以自身的威信等影响或改变被领导者的心理和行为的力量。

构成领导者自身影响力的因素包括以下几个方面：

（1）品德。领导者要努力修炼自我品德，如廉洁奉公、不以权谋私等。

（2）学识。学识既包括知识、学问，也包括领导者的见识。

（3）能力。领导者不仅要有渊博的知识，而且要有很强的工作能力和操作能力。

（4）情感。情感主要是指领导者要能真诚地关心下属、帮助下属，与下属进行情感交流，以情感人。

（四）领导特征理论

西方领导理论的发展大致经过了三个阶段，即领导特征理论、领导行为理论和领导权变理论。

领导特征理论是最早期的领导理论。该理论以研究领导者的特征为主，试图通过观察、调查等方法，找出领导者和非领导者的区别。领导特征理论认为，所有成功的领导者都具备某些个性特征，如有智慧、有魅力、有信心、果决以及富有远见等。由于这些特征在每个人身上发展不均衡，从而形成了不同的领导风格。随着研究的深入，人们发现，这些特征并不是孤立存在的，某个特征或者某组特征的适应性会随着领导者所处情境的变化而变化。同一特征并不能保证在任何情境下对任何组织都适用。由此推动领导理论研究的进一步发展，即领导行为理论研究。

（五）领导行为理论

领导行为理论又称领导风格理论或领导方式理论，就是通过对领导者的行为特点与绩效关系的研究，寻找最有效的领导风格或领导方式。主教材介绍了三种领导行为理论。

1. 勒温的领导行为理论

美国心理学家库尔特·勒温将领导行为分为三种类型：专权型领导、民主型领导和放任型领导。

勒温认为，专权型领导虽然通过严格管理能够达到既定的目标，但组织成员缺乏责任感，情绪消极，士气低落；民主型领导下的团队不仅能够完成工作，而且成员之间关系融洽，成员工作积极性高，富有创造性，成员的满意度比较高；放任型领导的工作效率最低，只能达到组织成员的社交目标，往往完不成工作目标。

2. 领导行为四分图理论

1945年，美国俄亥俄州立大学的研究者卡洛尔·沙特尔、约翰·亨普希尔和拉尔夫·斯托格蒂尔通过调查研究，归纳出描述领导行为的两个维度：关怀维度和定规维度。

关怀维度是指领导者替下属着想，尊重他们的思想和感情，并与之建立相互信任关系的程度。

定规维度是指领导者以任务为导向，引导下属为实现目标而努力的程度。

研究表明，领导行为，在每一个维度中的位置可以有很大的变化。一般来讲，一个关怀和定规维度都高的领导者，更能使下属达到高绩效和高满意度。

3. 管理方格理论

管理方格理论的提出，改变了以往各种理论中"非此即彼"式的绝对化观点，指出在对生产关心和对人关心的两种领导方式之间，可以进行不同程度的结合。

管理方格法，即以纵轴和横轴分别表示组织领导者对人关心和对生产关心的程度，在两个坐标轴上分别画出9个等级，形成81个小方格，即81种领导方式，其中有5种最具有代表性：1-1型——贫乏式领导；9-1型——任务式领导；1-9型——俱乐部式领导；5-5型——中间路线式领导；9-9型——理想式领导。

（六）领导权变理论

领导权变理论强调领导无固定模式，领导效果因领导者、被领导者和工作环境的不同而不同。影响较大的领导权变理论有：

1. 菲德勒权变模型

菲德勒认为不存在一种"普遍适用"的领导方式，任何形态的领导方式都可能有效，其有效性完全取决于领导方式与环境是否适应。他认为，决定领导方式有效性的环境因素主要有三个，即职位权力、任务结构和上下级关系。

2. 情境领导理论

情境领导理论是一种重视下属的领导权变理论。美国管理学家保罗·赫塞和肯尼斯·布兰查德认为，根据下属的成熟度选择正确的领导方式才会使领导者取得成功。

下属的成熟度是个体对自己的直接行为负责任的能力和意愿，它包括两个因素：工作成熟度和心理成熟度。工作成熟度高的个体拥有足够的知识、能力和经验去完成工作任务，而不需要他人的指导。心理成熟度高的个体不需要太多的外部激励，而是靠内部动机激励。

3. 目标路径理论

目标路径理论认为，领导者的工作就是帮助下属完成他们的工作目标，并提供必要的指导和支持，以确保个人的目标与集体的目标相一致。按照这个观点，领导者不但要给下属指明目标，而且要帮助下属找到完成目标的最佳路径，并为下属清理各种障碍，使得下属的目标更容易实现。

目标路径理论认为，领导者的行为被下属接受的程度取决于下属对这种行为的认同程度。领导行为的激励作用表现在：一方面，领导者对下属的需要的满足取决于有效的工作绩效；另一方面，领导者对下属进行指导，帮助他们取得相应的绩效，实现自己的目标。美国学者罗伯特·豪斯确定了四种领导行为：指导型领导、支持型领导、参与型领导和成就型领导。

（七）领导者素质

领导者素质是指在先天禀赋的生理素质的基础上，通过后天的实践锻炼和学习形成的，在领导工作中经常起作用的诸内在要素的总和，是领导者进行领导活动的自身基础条件。领导者素质主要包括以下几个方面：

1. 政治素质

政治素质是对领导者政治作风和思想品德方面的要求。

2. 知识素质

作为领导者，需要具有广博的科学文化知识，掌握相关的管理知识，还需要具备相关的专业知识。

3. 能力素质

领导者在领导过程中需要具备以下能力：

（1）认知能力，即领导者认识事物的能力。

（2）情感能力，即领导者处理人际关系和克服自己情绪波动的能力。

（3）意志能力，即领导者在认识和变革现实的过程中，自觉地确定目标，有意识地根据目标调节、支配行动，克服困难，实现目标的能力。

（4）行为能力，即领导者在实践过程中表现出来的技巧与艺术。

（八）领导班子构成

领导班子是指在一个最高领导者统率下的具有一定结构、一定层次的领导集体。

领导效率的提高不仅取决于领导者个体素质的提高，还取决于领导班子的合理组合和搭配。因此，在配备和组建各级领导班子时，要注重领导班子的内部结构，科学组合，才能提高管理效率。

具体来说，合理的领导班子构成需要考虑以下几个方面的条件：

1. 年龄结构

在考虑领导班子构成时，要考虑成员的年龄结构。不同年龄的人具有不同的性格特点，看问题的视角也不同。老、中、青三代配置在一起，才能够优势互补，提高管理效率。

2. 知识结构

知识结构是指一个领导群体中各种不同知识水平的成员的配比组合。不同领导者的知识结构不同，应根据工作要求对不同的领导者进行配置。

3. 能力结构

组建领导班子时，要按照能力互补的原则，把具有各种能力特长的领导者配置在一起，组成领导能力齐备而又高强的领导班子。大体来说，领导者有以下几种类型："思想型"领导者、"实干型"领导者、"智囊型"领导者和"组织型"领导者。如果将这四种类型的领导者合理搭配起来，就会使领导班子具有良好的能力结构。

（九）领导决策的艺术

1. 获取、加工和利用信息的艺术

组织进行决策，首先要知己知彼，做到心中有"底"。这就要求组织领导者必须掌握决策所需要的各种信息。决策的多谋艺术和各种决策方案的可行性，在很大程度上取决于信息的及时、准确和完整。因此，是否善于获取、加工和利用信息，需要具有高超的艺术。

2. 对不同的决策问题采取不同决策方法的艺术

组织生产经营活动中需要决策的问题很多，对不同的决策问题采取不同的决策方法，需要良好的艺术和技巧。

对于程序性决策或者作业层、短期性的决策，管理者凭自己长期积累的知识和经验以及相关能力，并根据已知情况和现有资料，通常可以提出比较正确的决策目标、方案和做出最后的抉择。

对于一些非程序性、非确定性决策，需要采取计量决策方法，建立数学模型，确定决策答案。

对于战略性的长期决策，一般宜采取集体决策的方法。

3. 尽量实现决策的程序化

决策是按照事物发展的客观要求和分阶段进行的，需要有一个科学的程序。美国管理学家赫伯特·西蒙把决策的动态过程分为四个阶段：确定决策目标、寻找各种可能的方案、选择决策方案、执行方案及跟踪检查。

（十）领导用人的艺术

1. 唯才是举

对于领导者来说，用人应不受名望、年龄、资历、关系亲疏等的限制，而应依据才能来选拔人才。

2. 用人所长

领导者在用人时要用人所长，不能因为细小缺点而忽视人的大才大德。

3. 知人善任

领导者在用人时要根据个人的特点安排其工作，使其充分发挥自己的长处。

4. 要有勇气选拔名望和才学超过自己的人

5. 合理授权

对安排在与自己才能、品德相适应岗位上的组织成员，领导者应当放手使用，合理授权，使他们能够对所承担的任务全权负责。

（十一）协调人际关系的艺术

领导者可以通过以下方法来协调组织的人际关系：

（1）依照组织目标来协调。

（2）依照规章制度来协调。

（3）有效利用非正式组织来协调。

（4）其他方法。除了上述方法，领导者还可借助一些处事方法来协调组织的人际关系。这些方法包括转移法、不为法、换位法和糊涂法。

（十二）科学利用时间的艺术

1. 合理分配时间的艺术

（1）要事优先。

（2）在效率最高的时间段完成最重要的工作。

（3）将不可控时间转化为可控时间。

2. 合理节约时间的艺术

（1）采取时间记录分析方法。

（2）有效利用零碎时间。

（3）提高会议效率。

四、自测练习

（一）单项选择

1. 领导的实质在于影响。构成领导者自身影响力的因素包括（　　）。

A. 品德、学识、能力、情感　　　　B. 品德、学识、能力、资历
C. 品德、学识、资历、情感　　　　D. 品德、威信、能力、情感

2. 关于领导者与管理者的权力来源，下列描述中，正确的是（　　）。
A. 两者的权力都来源于职位　　　　B. 领导者的权力来源于职位
C. 管理者的权力来源于职位　　　　D. 管理者的权力来源于自身

3. 领导者的权力来源包括职位权力和（　　）两个方面。
A. 权力影响力　　　　　　　　　　B. 自身影响力
C. 组织影响力　　　　　　　　　　D. 文化影响力

4. 领导者以自身的威信等影响或改变被领导者的心理和行为的力量是他的（　　）。
A. 法定权利　　B. 奖惩权力　　C. 组织权力　　D. 自身影响力

5. 管理方格理论提出了5种最具代表性的领导方式，其中，（　　）属于俱乐部式领导。采取这种领导方式的领导者对生产关心少，对人关心多，努力营造人人得以放松、感受友谊与快乐的环境。
A. 1-1型　　　B. 9-1型　　　C. 1-9型　　　D. 5-5型

6. 管理方格理论提出了5种最具代表性的领导方式，其中（　　）属于任务式领导。采取这种领导方式的领导者对生产关心多，对人关心少。
A. 1-1型　　　B. 9-1型　　　C. 1-9型　　　D. 5-5型

7. 管理方格理论提出了5种最具代表性的领导方式，其中（　　）属于理想式领导。采取这种领导方式的领导者对下属及其工作情况都很关心。
A. 1-1型　　　B. 9-1型　　　C. 1-9型　　　D. 9-9型

8. 根据赫塞和布兰查德提出的情景领导理论，在下属虽然有积极性，但是缺乏足够技能的情况下，应采取的领导风格是（　　）。
A. 高工作-高关系　　　　　　　　B. 低工作-低关系
C. 低工作-高关系　　　　　　　　D. 高工作-低关系

9. 当领导者面对一个非处理不可的事情时，不直接处理，而是先搁一搁，去处理其他事情。这种协调人际关系的方法就是（　　）。
A. 不为法　　　B. 糊涂法　　　C. 缓冲法　　　D. 转移法

（二）多项选择

1. 领导者基于职位的权力在其权力构成中居主导地位，职位权力主要包括（　　）。
A. 法定权力　　B. 奖赏权力　　C. 组织权力　　D. 处罚权力

2. 领导活动是一个包含多种因素的活动过程，这些因素有（　　）。
A. 领导者　　　B. 领导行为　　C. 被领导者　　D. 客观环境

3. 俄亥俄州立大学的研究者通过调查研究，归纳出描述领导行为的两个维度，即（　　）。
A. 关怀维度　　B. 定规维度　　C. 员工导向　　D. 生产导向

4. 美国著名管理学家和心理学家菲德勒认为，（　　）是决定领导方式有效性的主要环境因素。
　　A. 员工素质　　　　B. 职位权力　　　　C. 任务结构　　　　D. 上下级关系
5. 领导者大致有"思想型""实干型""智囊型""组织型"等几种类型，在这些类型中，属于"帅才"的是（　　）。
　　A. "思想型"领导者　　　　　　　　B. "智囊型"领导者
　　C. "组织型"领导者　　　　　　　　D. "实干型"领导者
6. 领导者在领导过程中需要具备多种能力，这些能力是（　　）。
　　A. 情感能力　　　　B. 行为能力　　　　C. 意志能力　　　　D. 认知能力
7. 目标路径理论提出了影响领导行为的因素：环境因素和下属因素。下属因素包括（　　）。
　　A. 控制点　　　　B. 工作群体　　　　C. 经验　　　　D. 知觉能力
8. 领导者在协调组织的人际关系时需要借助一些处事方法，如（　　）。
　　A. 转移法　　　　B. 不为法　　　　C. 换位法　　　　D. 糊涂法

（三）判断正误

1. 下属的成熟程度包括两个因素：工作成熟度和心理成熟度。心理成熟度高的个体不需要太多的外部激励，而是靠内部动机激励。（　　）
2. 高层管理者更应该了解相关的专业知识。（　　）
3. 菲德勒认为，影响领导成功的关键因素是领导者的个人魅力。（　　）
4. 目标路径理论认为，环境因素和领导行为互为补充，下属的特质决定了他对环境因素和领导行为的评价。（　　）
5. 领导效率取决于领导者的个人素质。（　　）
6. 一个组织的领导班子，只要最高领导者具有超凡的能力，其整体功能就必然强大。（　　）
7. 在一个领导班子里，"帅才"应该多一些，以提高领导班子的整体领导能力。（　　）

（四）名词解释

1. 领导
2. 领导者
3. 领导者素质
4. 领导班子

五、模拟实训

项目：确定他是怎样的领导者

要求：选择一位你所熟悉的企事业单位领导者或者社会知名的领导者，对他的领导行为和领导艺术进行分析，并回答下列问题：

1. 他的性格有什么特点？
2. 他的领导行为属于指导型、支持型、参与型、成就型中的哪一种？请说明理由。
3. 从个人能力方面来看，他具有哪方面的才能？请说明理由。

六、案例讨论

案例 9-1　刘总的领导风格

北创集团股份有限公司（以下简称北创集团）的前身是 A 市机床厂，1992 年经过股份制改造为北创集团。经过近 30 年的艰苦创业，北创集团发展成为一家大型多元化现代企业集团，机床公司是北创集团下属两大主体生产单位中规模最大和员工人数最多的公司，由 A 市机床厂延续而来。目前在国内，无论是装备水平还是产品档次，机床公司均居于同行业的领先地位。

机床公司的各级管理人员有 320 人，学历层次比较高，其中研究生学历以上的有 65 人，大学本科学历的有 101 人，大学专科学历的有 91 人，大专学历以上的员工占管理人员总数的 80.3%。管理人员队伍还呈现出年轻化的特点，有 71.3% 的管理人员年龄在 35 岁以下。

刘毅总经理，55 岁，毕业于吉林大学机械制造专业，1989 年被破格晋升为工程师，先后担任副总工程师和生产副厂长，1999 年起担任机床公司总经理至今。

刘总属于技术专家型领导，上任以来，主要抓了两项工作：一是健全了基础管理制度；二是完善了计量检测及标准化制度。刘总一心扑在工作上，多次获得劳动模范称号。但管理人员普遍反映，刘总不苟言笑，而且对自己比较熟的业务有时不征求部门主管的意见就直接布置工作；还有员工反映，在刘总手下工作，总是被要求按照他既定的指示完成任务，不需要也不允许有自己的想法，而且很少受到奖励，感觉他"缺少人情味"。因此，刘总的下属工作僵化，没有积极性。

刘明，26 岁，毕业于东北大学企业管理专业，毕业后来到机床公司企管部。他除了每日处理生产现场的工作，还兼管公司生产部的生产计划工作。按照刘总的要求，刘明除了完成必要的办公室工作，其他时间都要待在生产现场。最让他头疼的是，刘总规定他每月必须以一定的人数比例对工人生产质量问题进行罚款。而刘明刚进公司，对产品质量标准并不了解，又无人可请教。他非常苦恼，而且认为这种罚款方式不合理。

有两次刘明找刘总反映，刘总都以公司发展为由打发他，并且批评他工作不认真。刘明逐渐对工作产生了抵触情绪，压抑的环境使他逐渐对工作失去了兴趣，最终选择离开。

王炜，28 岁，毕业于浙江大学电子信息专业，就职于机床公司电脑支持部。工作一段时间后，王炜试图说服刘总将电脑支持部发展成公司的一个下属实体经营单位，进军信息技术产业，发挥自己的专长。但刘总只希望电脑支持部作为一个后勤部门，这与王炜的愿望相差太远，他也有了抵触情绪。后来，王炜在考取东北财经大学工商管理硕士后也离开了。

何立伟，35岁，毕业于哈尔滨工业大学机械设计专业，2010年进入机床公司。作为分管生产和技术的副总经理，何立伟工作认真，专业技术过硬，为公司发展立下了汗马功劳。起初，刘总也非常欣赏他，经常和他一起探讨公司发展规划，接受他的意见，甚至给予技术部特殊待遇政策。但后来，情况发生了变化，刘总不再听取何立伟的意见。当技术部助理工程师孙超取得重大技术突破，何立伟提出给予嘉奖时，刘总却收回了对技术部的特殊待遇政策，最终导致孙超离职。回想起以前种种，何立伟对刘总的独断专权也忍无可忍，最终选择离开。

公正地说，刘总上任以来取得的工作业绩是非常显著的。在刘总的领导下，机床公司发展得很好，北创集团准备推广刘总的管理方法，并举行干部工作绩效测评活动，评价刘总以及其他两位高管的工作业绩。

答辩完毕后，是民主投票环节，刘总很有信心。但结果是，300多人参加投票，刘总只得了不到20票。原来大家早就对刘总的工作作风不满了。得知这样的结果，经验推广活动不得不在尴尬的气氛中流产了，而刘总依然不明白为什么会这样。

(资料来源：国家开放大学2019年工商管理案例设计与分析大赛大连分部参赛作品，作者：孙振洲，指导教师：李飞。引用时有修改)

问题：
1. 刘总的领导风格属于哪种类型？
2. 刘总是好领导吗？为什么员工纷纷离职？

案例9-2　批评的技巧

李某、王某两位性格不同的正副经理负责管理工程部的14名员工。近一个月内发生了一连串的事情，李某、王某两位经理采取了不同的处理方法。其中一件事情是这样的：张飞是新来的大学生，9月底报到后开始上班。在一个月之内，他有两次上班迟到；还有一次，由于粗心大意，他将一份重要报告中的数据写错了，幸亏被及时发现，没有造成重大损失。王副经理每次发现张飞的问题，都是当场对其进行批评。

其余的几件事也大都与此类似，或是违反工作纪律，或是工作不负责任，或是背后说同事坏话。另外三位员工也遇到了同样的情况，即只要被王副经理发现犯了错误，就会当场遭到批评。

李经理认为，王副经理的处理手法过于粗暴、简单，不应该当场批评员工，而应该讲求领导艺术，待事情过去以后，在恰当的时间采用暗示、引导、自身示范等方法对员工进行引导和启发。

问题：
1. 你怎样看待李某、王某两位经理的做法？
2. 你认为批评员工时应该注意哪些事项？

第十章 激 励

曾经有一个孤独的男孩，悲观地问一个年长的智者："像我这样没有人看得起的孩子，活着有什么意思呢？活着的价值又在哪里呢？"智者递给他一块色彩斑斓的石头，对他说："明天，你拿这块石头到市场上去卖，但不是真卖。记住，不论别人出多少钱，你都绝对不能卖！"男孩满腹狐疑，心想：这块石头虽然还不错，但怎么会有人肯花钱买呢？

第二天，男孩蹲在市场上的角落里叫卖，有好多人向他买这块石头，而且价钱越出越高。男孩回来后兴奋地向智者报告："想不到一块石头值那么多钱！"智者笑笑，说："明天你拿它到黄金市场上去卖。记住，不论人家出多少钱，你都不能卖。"在黄金市场上，有人出比昨天高十倍的价钱，这令男孩大为惊讶，但他谨记智者的话，怎么都不卖。

第三天，智者叫男孩拿石头到宝石市场上去展示。结果，石头的身价比昨天又涨了十倍，更由于男孩不肯卖，这块石头被大家说成是"稀世珍宝"。男孩兴冲冲地将这一切告诉智者，智者徐徐说道："人的生命价值就像这块石头一样，在不同的环境下就会有不同的意义，你明白吗？"男孩不解地摇摇头。"一块不起眼的石头，由于你的珍惜，它的价值得到提升，被说成稀世珍宝，你不也像这块石头吗？只要自己看重自己、热爱自己，生命就会有意义、有价值。"智者对男孩说。"石头"可以因被人珍惜而提升价值，那么，人也可以因被很好地任用而提升价值。

这个故事向我们展示了一个温馨而确实存在的事实：对于任何人来说，只要能够通过一些外部的行为，就可以激发其内在的潜力，改变其态度，从而使其在许多方面都有所改变。管理者应该通过强调组织成员积极的方面，对其正面行为予以重视、欣赏和表扬，强化组织成员"把事情做好"的意识，从而有助于他们以更加积极的态度对待工作。

在管理学中，有一个分支是研究管理心理学的，其分别从管理者、被管理者的角度出发，研究管理中各种行为的本原动机、动机对行为的影响方式和影响程度、外部力量如何作用于行为过程、外部力量所导致的后果等。这些研究结果为管理者进行合理、有效的激励提供了依据。本章将对激励理论的有关内容进行简要介绍。

一、学习进度及学时安排

请在第 12 周完成本章内容的学习,至少安排 7 课时的学习时间。

二、本章知识地图

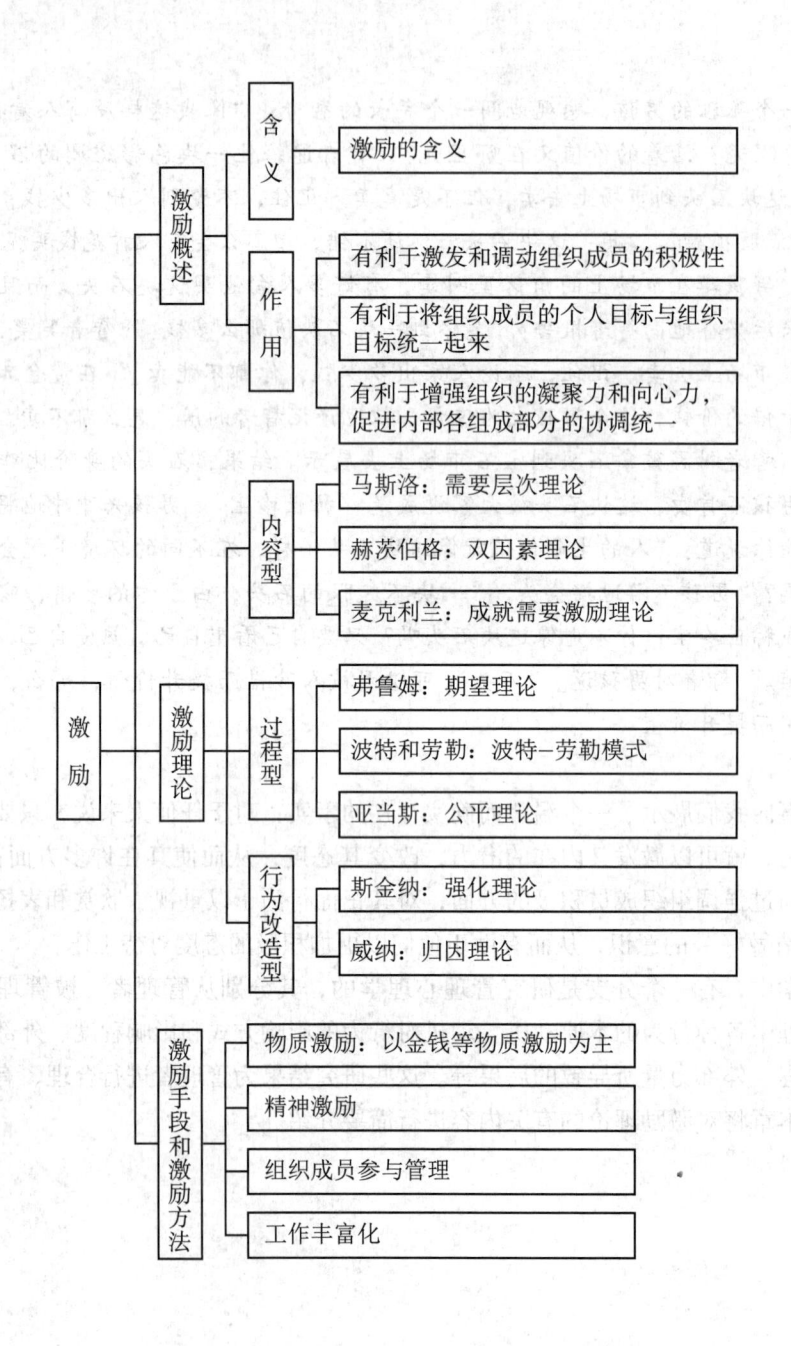

```
                                   ┌─ 含义 ─── 激励的含义
                                   │
                    ┌─ 激励概述 ───┤         ┌─ 有利于激发和调动组织成员的积极性
                    │              │         │
                    │              └─ 作用 ──┼─ 有利于将组织成员的个人目标与组织
                    │                        │   目标统一起来
                    │                        │
                    │                        └─ 有利于增强组织的凝聚力和向心力,
                    │                            促进内部各组成部分的协调统一
                    │
                    │                        ┌─ 马斯洛:需要层次理论
                    │              ┌─ 内容型 ┼─ 赫茨伯格:双因素理论
                    │              │         └─ 麦克利兰:成就需要激励理论
                    │              │
                    │              │         ┌─ 弗鲁姆:期望理论
    激励 ──────────┼─ 激励理论 ───┼─ 过程型 ┼─ 波特和劳勒:波特—劳勒模式
                    │              │         └─ 亚当斯:公平理论
                    │              │
                    │              │ 行为    ┌─ 斯金纳:强化理论
                    │              └─ 改造型 └─ 威纳:归因理论
                    │
                    │              ┌─ 物质激励:以金钱等物质激励为主
                    │   激励手段和 │
                    └─ 激励方法 ──┼─ 精神激励
                                   │
                                   ├─ 组织成员参与管理
                                   │
                                   └─ 工作丰富化
```

三、内容提要

(一) 激励的含义

所谓激励，是人类活动的一种内心状态。它具有加强和激发动机、推动并引导行为朝向预定目标的作用。通常认为，一切内心要争取的条件，如欲望、需要、希望、动力等都构成对人的激励。

(二) 激励的作用

(1) 有利于激发和调动组织成员的积极性。
(2) 有利于将组织成员的个人目标与组织目标统一起来。
(3) 有利于增强组织的凝聚力和向心力，促进内部各组成部分的协调统一。

(三) 激励理论

1. 内容型激励理论

内容型激励理论是着重研究需要的内容和结构及其如何推动人行为的理论，其中具有代表性的包括需要层次理论、双因素理论和成就需要激励理论等。

(1) 需要层次理论。这一理论由美国著名心理学家和行为学家亚伯拉罕·马斯洛提出。他认为，人的需要可分为生理的需要、安全的需要、社交的需要、尊重的需要、自我实现的需要五大类。一般的人都是按照这个层次从低级到高级，一层一层地去追求并使自己的需要得到满足的。已经满足的需要不再具有激励作用。因此，管理者应根据需要层次，确定激励行为。

(2) 双因素理论。美国心理学家弗雷德里克·赫茨伯格围绕马斯洛的需要层次理论对人的需要进行了研究，提出了双因素理论。他认为有两类因素影响人们的行为。他将与工作环境或工作条件相关的因素称为保健因素，将与工作内容紧密相连的因素称为激励因素。保健因素不能直接对人起激励的作用；激励因素可以调动人的积极性，具有激励作用。

(3) 成就需要激励理论。这一理论由美国心理学家戴维·麦克利兰提出。他认为，人在生理的需要得到基本满足后，还会有对权力、社交和成就等的需要。

2. 过程型激励理论

过程型激励理论着重研究人们选择所要进行的行为的过程。过程型激励理论主要包括期望理论、波特-劳勒模式和公平理论。

(1) 期望理论。这一理论是美国心理学家维克托·弗鲁姆提出来的。他认为，当人们有需要，又有实现目标的可能时，其积极性才会高。激励水平取决于期望值和效价的乘积。

(2) 波特-劳勒模式。这一理论是美国行为科学家莱曼·波特和爱德华·劳勒提出来的。波特-劳勒模式是以期望理论为基础，引申出一个实际上更为完善的激励模式，并把它主要用于对管理人员的研究。该理论认为一个人的努力程度取决于报酬的价值，以及他个人认为需做出的努力和获得报酬的可能性。

（3）公平理论。这一理论是美国心理学家约翰·斯塔希·亚当斯提出来的。公平理论又称社会比较理论。亚当斯认为，激励中的一个重要因素是报酬是否公平。个人会主观地将自己的投入（包括诸如努力、经济、教育等许多因素）与别人的投入相比，看自己的报酬是否公平或公正，以此来决定自己的努力程度。激励者应高度重视这种公平感觉。

3. 行为改造型激励理论

行为改造型激励理论是一种主要研究如何改造和修正人的行为，变消极为积极的理论。行为改造型激励理论主要包括强化理论和归因理论。

（1）强化理论。这一理论是美国心理学家伯尔赫斯·弗雷德里克·斯金纳首先提出来的。该理论认为，人的行为因外部环境的刺激而调节，也因外部环境的刺激而控制，改变刺激就能改变行为。强化是指通过不断改变环境的刺激因素来达到增强、减弱或消除某种行为的过程。管理者可以采用积极强化、消极强化、惩罚、自然消退四种强化类型来改变下属的行为。

（2）归因理论。这一理论是美国心理学家伯纳德·威纳提出来的。该理论认为，人们把成功和失败归因于何种因素，对以后的工作态度和积极性，进而对行为和工作绩效都会产生很大的影响。管理者应很好地了解组织成员的归因倾向，以便正确地指导和训练他们的归因倾向，调动和提高他们的积极性。

（四）激励手段和激励方法

1. 物质激励

在物质激励中，最突出的就是金钱的激励。虽然金钱不是唯一能激励人的力量，但它作为一种很重要的激励因素是不可忽视的。无论是采取工资的形式，还是采取奖金、优先认股权、红利等其他鼓励性形式，金钱都是重要的激励因素。

2. 精神激励

精神激励方法有多种，如目标激励法、环境激励法、领导行为激励法、榜样典型激励法，以及奖励、惩罚激励法等。

3. 组织成员参与管理

参与管理是指让组织成员不同程度地参与组织决策和各级管理工作的研究与讨论。组织成员参与管理，可以让他们感受到上级的信任、重视和赏识，能够满足他们归属和受人赏识的需要，使他们认识到自己的利益与组织的利益及发展密切相关，增强他们的责任感。同时，管理者与下属商讨组织发展问题，对双方来说都是一个机会。事实证明，参与管理会使多数人受到激励。

4. 工作丰富化

工作丰富化就是使工作具有挑战性且富有意义。工作丰富化的目的是为组织成员提供富有挑战性和成就感的工作。

工作丰富化不同于工作内容的扩大,它试图使工作具有更大的挑战性和成就感,通过赋予多样化的内容使工作丰富起来,以激励组织成员的热情。

四、自测练习

(一) 单项选择

1. 激励过程就是一个由(　　)开始,直至(　　)得到满足为止的连锁反应。
   A. 需要;需要　　　　　　　　B. 需要;行为
   C. 动机;行为　　　　　　　　D. 行为;需要

2. 人们在通往目标的道路上所遇到的障碍是(　　)。
   A. 挫折　　　　B. 紧张　　　　C. 防范　　　　D. 焦虑

3. 激励方法得当,有利于激发和调动组织成员的积极性。美国心理学家威廉·詹姆士在对组织成员的研究中发现,按时计酬的组织成员的能力仅能发挥20%~30%,而受到激励的组织成员的能力可以发挥(　　)。
   A. 60%~70%　　B. 70%~80%　　C. 80%~90%　　D. 90%以上

4. (　　)认为人的需要由低级到高级可分为五个层次,即生理的需要、安全的需要、社交的需要、尊重的需要、自我实现的需要。
   A. 需要层次理论　　　　　　　B. 双因素理论
   C. 成就需要激励理论　　　　　D. 公平理论

5. 赫茨伯格提出的双因素理论认为,(　　)不能直接对人起激励的作用,但能防止人产生不满情绪。
   A. 保健因素　　B. 激励因素　　C. 成就因素　　D. 效价因素

6. 根据弗鲁姆的期望理论公式,一般来说,效价越高,期望值越大,激励水平就越(　　)。
   A. 高　　　　　B. 低　　　　　C. 一般　　　　D. 无法判断

7. 波特-劳勒模式是以(　　)为基础,引申出一个实际上更为完善的激励模式。
   A. 公平理论　　B. 强化理论　　C. 双因素理论　　D. 期望理论

8. "一个组织的成败,与其所具有的高成就需要的人数有关",这是(　　)的观点。
   A. 需要层次理论　　　　　　　B. 双因素理论
   C. 公平理论　　　　　　　　　D. 成就需要激励理论

9. 根据强化理论,组织成员努力工作是为了避免不希望得到的结果,这就是(　　)。
   A. 自然消退　　B. 惩罚　　　　C. 消极强化　　D. 正强化

10. 成就需要激励理论一般适用于(　　)的研究。
    A. 普通员工　　B. 技术人员　　C. 管理人员　　D. 一线员工

11. 表扬、赞赏、增加工资、发放奖金及奖品、分配有意义的工作等行为在强化理论中属于（　　）。

　　A. 积极强化　　　　B. 消极强化　　　　C. 惩罚　　　　D. 自然消退

（二）多项选择

1. 激励对于组织管理具有重要意义，激励的作用主要体现在（　　）。

　　A. 有利于激发和调动组织成员的积极性

　　B. 有助于将组织成员的个人目标与组织目标统一起来

　　C. 有助于增强组织的凝聚力和向心力

　　D. 促进内部各组成部分的协调统一

2. 当一个人的需要得不到满足时，他会产生挫折感，受挫后的防范措施一般有（　　）。

　　A. 紧张不安的措施　　　　　　　　B. 积极适应的措施
　　C. 消极防范的措施　　　　　　　　D. 寻求激励的措施

3. 下列选项中，属于内容型激励理论的有（　　）。

　　A. 需要层次理论　　　　　　　　　B. 双因素理论
　　C. 成就需要激励理论　　　　　　　D. 公平理论

4. 下列选项中，属于需要层次理论中安全的需要的有（　　）。

　　A. 维持生命的衣食住行　　　　　　B. 生活要得到基本保障
　　C. 避免人身伤害　　　　　　　　　D. 年老时有所依靠

5. 在双因素理论中，（　　）体现的是保健因素。

　　A. 要给组织成员提供适当的工资和安全保障

　　B. 要改善组织成员的工作环境和条件

　　C. 对组织成员的监督要能为他们所接受

　　D. 工作得到认可和赏识

6. 麦克利兰的成就需要激励理论认为，人在生理的需要得到基本满足以后，还会有对（　　）等的需要。

　　A. 安全　　　　B. 权力　　　　C. 社交　　　　D. 成就

7. 期望理论公式中的三个要素是（　　）。

　　A. 激励水平　　B. 环境　　　　C. 期望值　　　D. 效价

8. 强化理论中的强化类型包括（　　）。

　　A. 积极强化　　B. 消极强化　　C. 惩罚　　　　D. 自然消退

9. 归因理论认为，人们把自己的成功和失败主要归因于四个方面的因素，即努力程度、能力、任务难度和机遇。这四个方面的因素可以按三个方面来划分，即（　　）。

　　A. 内部原因和外部原因　　　　　　B. 稳定性
　　C. 可控性　　　　　　　　　　　　D. 激励程度

10. 工作丰富化试图使工作具有更大的挑战性和成就感。下列方法中，可使工作丰富起来的有（　　）。

　　A. 鼓励组织成员参与管理，鼓励组织成员之间相互交往

　　B. 放心大胆地任用下属，增强他们的责任感

　　C. 在其能力范围内，最大量地增加其同类工作的数量

　　D. 采取措施确保组织成员能够看到自己为工作和组织所做的贡献

（三）判断正误

1. 麦克利兰的研究表明，对一般人来说，成就需要比较强烈。　　　　　　　　（　　）

2. 需要层次理论认为，如果管理者真正了解了组织成员的需要，依其需要来进行激励，则会产生很大的激励作用。　　　　　　　　　　　　　　　　　　　　　　　　　（　　）

3. 期望理论是美国心理学家弗鲁姆1964年在《动机与人格》一书中提出来的。
　　　　　　　　　　　　　　　　　　　　　　　　　　　　　　　　　　　（　　）

4. 根据归因理论，把失败归因于稳定因素可以提高以后工作的积极性，归因于不稳定因素可以降低工作的积极性。　　　　　　　　　　　　　　　　　　　　　　　　（　　）

5. 成就需要激励理论认为，管理人员的成就需要可以通过培养来提高。　　　（　　）

6. 在物质激励中，最突出的就是金钱的激励。金钱是唯一能激励人的力量。（　　）

7. 表彰和奖励能起激励的作用，批评和惩罚不能起激励的作用。　　　　　　（　　）

8. 合理化建议是组织成员参与管理的一种形式。据美国一家公司估计，生产率的提高有20%得益于工人提出的建议，其余80%来自技术的进步。管理人员应该把主要精力放在那20%上。　　　　　　　　　　　　　　　　　　　　　　　　　　　　　　　（　　）

9. 组织中高层次的专业人员和管理人员不是工作丰富化的重点对象。　　　　（　　）

10. 目标管理是组织成员参与管理的一种很好的形式。　　　　　　　　　　　（　　）

（四）名词解释

1. 激励

2. 需要层次理论

3. 双因素理论

五、模拟实训

项目：激励效果调查

要求：选择1~2家企事业单位，设计调查问卷。在发放、回收问卷的过程中，观察、了解所调查单位对不同员工的激励措施和激励效果，并进行分析，结合所学提出改进建议。在问卷设计和实地调查中，应侧重于下列问题的掌握和分析：

1. 被调查单位的一般员工处于哪个需要层次？

2. 被调查单位有哪些针对员工的激励措施？效果如何？

3. 被调查单位的员工对于激励措施有什么期望?

六、案例讨论

案例 10-1　索尼公司的内部招聘制度

一天晚上,索尼公司董事长盛田昭夫按照惯例走进员工餐厅与员工一起就餐、聊天。他多年来一直保持着这个习惯,以培养员工的合作意识,与他们搞好关系。这一天,盛田昭夫忽然发现一位年轻员工郁郁寡欢,满腹心事,闷头吃饭,谁也不理。于是,他就主动坐在这名员工对面,与他攀谈。几杯酒下肚之后,这名员工终于开口了:"我毕业于东京大学,之前有一份待遇十分优厚的工作。进入索尼之前,我对索尼公司崇拜得发狂。当时,我认为进入索尼公司是我一生的最佳选择。但是,现在我发现,我不是在为索尼公司工作,而是在为课长干活。坦率地说,这位课长是一个无能之辈,更可悲的是,我所有的行动与建议都得经过课长批准。对于我的一些小发明与改进,课长不仅不支持我,还挖苦我'癞蛤蟆想吃天鹅肉'、有野心。对我来说,这位课长就是索尼公司。我十分泄气,心灰意冷。这就是索尼?这就是我的索尼?我居然放弃了那份待遇优厚的工作来到这种地方!"

这番话令盛田昭夫感到十分震惊。他想,类似的问题在公司内部员工中恐怕不少,管理者应该关心他们的苦恼,了解他们的处境,不能堵塞他们的上进之路,于是他产生了改革人事管理制度的想法。之后,索尼公司每周出版一次内部小报,刊登公司各部门的"求人广告",员工可以自由而秘密地前去应聘,他们的上司无权阻止。另外,索尼公司原则上每隔两年就让员工调换一次工作,特别是对于那些精力旺盛、干劲十足的人才,不是让他们被动地等待工作,而是主动地给他们施展才华的机会。在索尼公司实行内部招聘制度以后,有能力的人大多能找到自己较中意的岗位,而且人力资源部门可以发现那些"流出"人才的上司所存在的问题。

问题:

1. 你认为案例中年轻员工所反映的情况在现实中存在吗?这种现象对组织有什么不利影响?

2. 一般而言,案例中的年轻员工在组织中会给人恃才傲物的感觉,如何正确对待这样的员工是领导者要慎重处理的问题。如果是你,你将如何处理?

3. 你如何评价索尼公司的做法?如果所有的此类事情都必须由董事长或总经理去了解和解决,这样的问题解决途径是最好的吗?

案例 10-2　高薪资为什么没有高效率?

福临公司是一家生产电信产品的公司。创业初期,依靠一批志同道合的朋友,大家不怕苦、不怕累,从早到晚拼命干。公司发展迅速,几年之后,员工由原来的十几人发展到几百人，业务收入由原来的每月十多万元发展到每月上千万元。企业大了，人也多了，但公司领导明显感觉到大家的工作积极性越来越低，也越来越计较。

　　福临公司的总经理黄明才一贯注重思考和学习，他特地到书店买了一些有关成功企业经营管理方面的书籍来研究，他在介绍松下幸之助的用人之道一文中看到这样一句话：经营的原则自然是希望能做到高效率、高薪资。效率提高了，公司才有可能支付高薪资。但松下幸之助提倡高薪资、高效率时，不把高效率作为第一个努力的目标，而是借着提高薪资来提高员工的工作意愿，然后达到高效率。他想，公司发展了，确实应该考虑提高员工的待遇，一方面，这是对老员工为公司辛勤工作的回报；另一方面，这是吸引高素质人才加盟公司的需要。为此，福临公司重新制定了薪酬制度，大幅度提高了员工的工资，并且对办公环境进行了改善。

　　高薪资的效果立竿见影，福临公司很快就聚集了一大批有才华、有能力的人。所有的员工都很满意，大家的热情高，工作十分卖力，公司的整体环境也焕然一新。但不到两个月，大家又慢慢回到懒洋洋、慢吞吞的状态。这是怎么了？

　　问题：

　　福临公司的高薪资没有换来高效率，公司领导陷入了两难境地。那么，问题的症结在哪里？

第十一章 沟 通

有一个秀才去买柴，他对卖柴的人说："荷薪者过来！"卖柴的人听不懂"荷薪者"（担柴的人）三个字，但是听得懂"过来"两个字，于是把柴担到秀才面前。秀才问他："其价如何？"卖柴的人听不太懂这句话，但是听得懂"价"这个字，于是就告诉秀才价钱。秀才接着说："外实而内虚，烟多而焰少，请损之。"（你的木材外表是干的，里头却是湿的，燃烧起来，会浓烟多而火焰小，请减些价钱吧。）卖柴的人因为听不懂秀才的话，于是担着柴走了。

从这个小故事可以看出，任何一项活动都需要有效的沟通。有效的沟通是需要一定技巧的，如果没有有效的沟通来协调活动，即使像买柴这样简单的事情，也会出现失误；即使买卖双方的目标一致，也会由于沟通不当而无法达到目标。沟通是每一个优秀的管理者必须具备的职能之一。学完本章内容，你就会对沟通有所了解，并且掌握一定的沟通技巧。

一、学习进度及学时安排

请在第 13 周完成本章内容的学习，至少安排 7 课时的学习时间。

二、本章知识地图

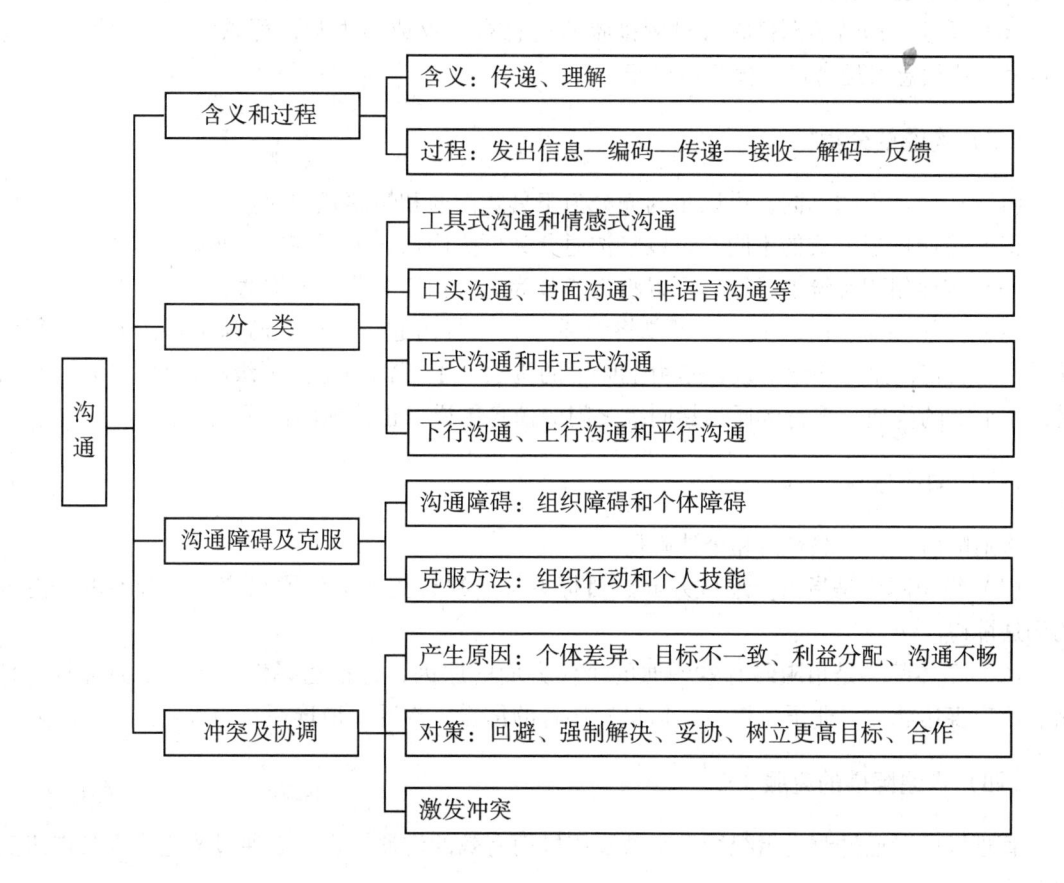

```
                    ┌── 含义和过程 ──┬── 含义：传递、理解
                    │                └── 过程：发出信息—编码—传递—接收—解码—反馈
                    │
                    │                ┌── 工具式沟通和情感式沟通
                    │                ├── 口头沟通、书面沟通、非语言沟通等
                    ├── 分  类 ──────┤
                    │                ├── 正式沟通和非正式沟通
  沟通 ─────────────┤                └── 下行沟通、上行沟通和平行沟通
                    │
                    ├── 沟通障碍及克服─┬── 沟通障碍：组织障碍和个体障碍
                    │                 └── 克服方法：组织行动和个人技能
                    │
                    │                 ┌── 产生原因：个体差异、目标不一致、利益分配、沟通不畅
                    └── 冲突及协调 ───┼── 对策：回避、强制解决、妥协、树立更高目标、合作
                                      └── 激发冲突
```

三、内容提要

（一）沟通的含义和过程

1. 沟通的含义

沟通是指两个或者两个以上的人交流并理解信息的过程，其目的是激励或者影响人的行为。

2. 沟通的过程

沟通的过程包括以下六个环节：

103

（1）信息源发出信息。

（2）编码，即信息发送者将信息转化为某种可以传递的信号形式，也就是传递中信息存在的形式。

（3）通过沟通通道传递信息，即通过信息沟通的渠道或媒介传递信息。

（4）信息接收者接收信息。

（5）解码，即信息接收者将接收到的信息翻译成可以理解的形式，也就是信息接收者对信息进行理解和解释。

（6）反馈，即若信息接收者对所接收的信息有异议或不理解，可以将信息返回给信息发送者，让信息发送者进行核实或修正。

（二）沟通的分类

（1）按照功能的不同，可以将沟通分为工具式沟通和情感式沟通。

（2）按照沟通方式的不同，可以将沟通分为口头沟通、书面沟通、非语言沟通等。

（3）按照组织系统的不同，可以将沟通分为正式沟通和非正式沟通。

（4）按照沟通方向的不同，可以将沟通分为下行沟通、上行沟通和平行沟通。下行沟通是指上级将信息传递给下级，是由上而下的沟通。上行沟通是指下级将信息传递给上级，是由下而上的沟通。平行沟通是指同级之间的信息传递，也称横向沟通。

（三）沟通障碍

沟通障碍包括组织障碍和个体障碍。

（1）组织障碍是指由于地位差异、目标差异、缺乏正式的沟通渠道、协调不够等造成的沟通障碍。

（2）个体障碍是指阻碍有效沟通的个体方面的原因，包括选择性知觉、信息操控、情绪、语言表达能力、非语言提示、信息发送者的信誉、沟通渠道选择不当等。

（四）沟通障碍的克服

管理者可以通过改进组织行动来鼓励积极而有效的沟通，也可以通过改进个人技能来克服沟通障碍。

（1）组织行动，即营造一种坦诚和信任的组织氛围，全方位地开发并使用正式沟通渠道，鼓励使用多元沟通渠道，包括正式渠道和非正式渠道。

（2）个人技能，包括做好充分的沟通准备、调整心态、使用反馈技巧、积极倾听、控制情绪、简化语言、注意非语言提示、要保证行动支持沟通。

（五）冲突及其分类

1. 冲突的含义

冲突是两个或两个以上的行为主体在特定问题上由于目标不一致、看法不相同或意见有分歧而产生的相互矛盾、排斥、对抗的一种态势。

2. 冲突的分类

（1）按冲突对组织的作用，可以将冲突分为建设性冲突和破坏性冲突。

（2）按冲突表现出来的状态，可以将冲突分为战斗、竞争和辩论。

（六）冲突产生的原因

1. 个体差异引发冲突

组织中个体的家庭环境、教育背景、经历等各不相同，导致其个性特征、价值倾向也有所不同，这就使得人们有不同的处事风格，由此引发冲突。

2. 目标不一致引发冲突

现实中，个人目标、组织目标及社会目标存在对立和矛盾的一面，各目标主体都在自觉或不自觉地追求自己目标的顺利实现，突出自我目标而忽略其他目标，从而引发冲突。

3. 利益分配引发冲突

利益分配不均也引发冲突。

4. 沟通不畅引发冲突

沟通不畅导致信息被误解或传递无效，也会引发冲突。

（七）管理冲突的对策

1. 回避

这是解决冲突的最简单的方法，即让冲突双方暂时从冲突中退出或抑制冲突。

2. 强制解决

这是指管理者利用职权强行解决冲突。

3. 妥协

这是指通过要求冲突各方都做出一定的让步，使问题得到解决。

4. 树立更高目标

树立更高目标的作用是使冲突各方感到紧迫感和压力。

5. 合作

这是指将冲突各方召集到一起，让他们进行开诚布公的讨论，弄清楚分歧所在，并商量可能的解决办法。

（八）激发冲突

1. 改变组织文化

管理者应该向下属传递这样的信息：冲突有其合法地位，并用自己的行动加以支持。

管理者应该对那些敢于提出异议、坚持原则、倡导革新建议、提出不同看法和进行独创思考的个体给予大力奖励，如晋升、加薪等。

2. 模棱两可

管理者如果想在一些事情上激发冲突，可以采取模棱两可的态度。

3. 空降人才

管理者可以通过外部招聘的方式引进背景、价值观、态度或管理风格与当前组织成员不相同的人才，通过这些新鲜血液来逐步改变组织。

4. 重新构建组织

组织本身也是冲突源之一，因此管理者可以通过调整组织结构来激发冲突。

5. 任命一些吹毛求疵者

组织在做决策或者开会时，可以任命一些吹毛求疵者，他们的职责就是扮演批评家的角色，提出不同的意见，激活组织的冲突气氛。

四、自测练习

（一）单项选择

1. 沟通的目的是（　　）。
   A. 展示才能和影响力　　　　　　　　B. 将信息传递给他人
   C. 将工作布置下去　　　　　　　　　D. 激励或影响他人的行为

2. 当信息接收者对信息发送者的信息做出反应时，就出现了反馈。反馈体现了沟通的（　　）特点。
   A. 单项性　　　B. 双向性　　　C. 强制性　　　D. 独特性

3. 按照功能划分的沟通类型中，（　　）具有润滑剂的作用。
   A. 工具式沟通　　　　　　　　　　　B. 情感式沟通
   C. 工具式沟通和情感式沟通　　　　　D. 以上都不正确

4. （　　）的最大优点在于记录可以持久、有形、可以核实。
   A. 口头沟通　　　　　　　　　　　　B. 非语言沟通
   C. 书面沟通　　　　　　　　　　　　D. 电话沟通

5. 按照组织明文规定的原则、方式进行的信息传递与交流的沟通类型是（　　）。
   A. 正式沟通　　　　　　　　　　　　B. 非正式沟通
   C. 工具式沟通　　　　　　　　　　　D. 情感式沟通

6. 图 11-1 所示的正式沟通模式是（　　）。
   A. 链式沟通　　　　　　　　　　　　B. 轮盘式沟通
   C. 环式沟通　　　　　　　　　　　　D. 全通道式沟通

7. 这种沟通发生在一种直线型的五级层级结构中，沟通只能向上或向下进行，且每一个上级只有一个下属向他报告，每一个下属也只向一个上级报告。这种沟通模式是（　　）。

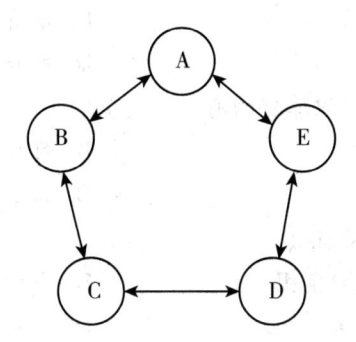

图 11-1　正式沟通模式

A. 链式沟通　　　　　　　　　　B. 轮盘式沟通
C. 环式沟通　　　　　　　　　　D. 全通道式沟通

8. 下属不愿意向上级传递坏消息，怕上级认为自己无能；而上级也可能没有注意到下属的贡献，把下属的贡献归到自己头上，引起下属的不满。这种沟通障碍是由（　　）造成的。

A. 地位差异　　　　　　　　　　B. 目标差异
C. 缺乏正式沟通渠道　　　　　　D. 协调不够

9. 人们只记忆经过自己的选择愿意记忆的信息，这种认知过程导致的沟通障碍是由（　　）造成的。

A. 情绪　　　　　　　　　　　　B. 信息操控
C. 选择性知觉　　　　　　　　　D. 非语言提示

10. 冲突发生后，管理者可以召集冲突的双方，通过开会等方式，让双方开诚布公地交流，积极倾听并理解对方的差异，从而解决冲突的方法是（　　）。

A. 妥协　　　　　　　　　　　　B. 强制解决
C. 合作　　　　　　　　　　　　D. 树立更高目标

（二）多项选择

1. 通过沟通的含义可以看出，沟通最关键的环节是（　　）。

A. 信息的传递　　　　　　　　　B. 对信息的理解
C. 信息的编码　　　　　　　　　D. 信息传递渠道

2. 沟通一般包括（　　）等环节。

A. 信息源发出信息　　　　　　　B. 通过一定的媒介传递信息
C. 信息接收者接收信息并解码　　D. 信息反馈

3. 按照沟通方式的不同，可以将沟通分为（　　）等类型。

A. 工具式沟通　　　　　　　　　B. 口头沟通
C. 非语言沟通　　　　　　　　　D. 书面沟通

4. 按照组织系统的不同，可以将沟通分为（　　）。

A. 工具式沟通 B. 情感式沟通
C. 正式沟通 D. 非正式沟通

5. 下列沟通障碍中，属于组织障碍的有（ ）。
A. 地位差异 B. 目标差异
C. 缺乏正式的沟通渠道 D. 协调不够

6. 克服沟通障碍的组织行动有（ ）。
A. 营造坦诚和信任的组织氛围 B. 全方位地开发并使用正式的沟通渠道
C. 鼓励使用多元沟通渠道 D. 使用反馈技巧

（三）判断正误

1. 沟通过程中有了反馈，表明信息接收者收到并完全理解了信息发出者的信息。（ ）

2. 人们常常会说："那不是我的意思！"或者"我还以为是这样！"这说明，错误地发出信息和接收信息在沟通中经常出现。（ ）

3. 在按照功能划分的沟通类型中，情感式沟通能够有效地降低管理的模糊性，让下属清晰地知道自己的工作方向和目标，从而提高整个组织的运营效率。（ ）

4. 口头沟通虽然比较精准，但是耗时较多，同样时间内所传递的信息远远不能与书面沟通相比。（ ）

5. 非语言沟通主要通过身体语言和语气语调等传递信息。非语言沟通之所以受到重视，是因为身体语言等非语言方式能够表达人的真情实感。（ ）

6. 正式沟通通常是在组织的层次系统内进行的，约束力强，能保证有关人员或部门按时、按量得到规定的信息，严肃并有利于保密。（ ）

7. 采用轮盘式沟通模式时，每个组织成员都可以与其他成员沟通，沟通速度快。但由于沟通渠道太多，容易造成混乱，并降低信息传递的准确度。（ ）

8. 非正式沟通无须管理层批准，是不受等级结构限制的沟通。（ ）

9. 管理者利用手中的职权强行解决冲突的方法适用于管理者需要对重大事件采取非同寻常的行动迅速处理，或者当管理者的处理方式对其他人无关紧要的情况。（ ）

10. 在组织管理中，冲突是不可避免的，管理者需要运用管理技巧有效地解决冲突，千万不能激发冲突。（ ）

（四）名词解释

1. 沟通

2. 正式沟通

3. 非正式沟通

4. 冲突

五、模拟实训

项目：组织沟通状况分析

要求：通过观察、访谈、调查等方式，了解你所在组织关于沟通的问题，并进行简要分析，回答下列问题：

1. 你所在组织的沟通渠道是否顺畅？
2. 正式沟通通常采用什么模式进行？
3. 非正式沟通的影响如何？组织领导者的态度如何？
4. 沟通与组织绩效之间有无联系？二者联系的紧密程度如何？
5. 对于沟通的改进，你有什么意见或建议？

六、案例讨论

案例 11-1　杨瑞的苦恼

杨瑞是一个典型的北方姑娘，在她身上可以明显地感受到北方人的热情和直率。她为人坦诚，有什么说什么，总是愿意把自己的想法说出来和大家一起讨论。正是因为这个特点，她在上学期间很受老师和同学的欢迎。今年，杨瑞从某大学的人力资源管理专业毕业。她认为，经过四年的学习，自己不但扎实地掌握了人力资源管理专业知识，而且具备了较强的人际沟通技能，因此，她对自己的未来期望很高。为了实现自己的梦想，她毅然只身去广州求职。

经过近一个月的反复投递简历和面试，在权衡多种因素的情况下，杨瑞最终选定了东莞市一家研究、生产食品添加剂的公司。她之所以选择这家公司，是因为该公司规模适中、发展速度很快，最重要的是该公司的人力资源管理工作还处于起步阶段，如果杨瑞加入，她将是人力资源部的第一个人。因此，她认为自己施展才华的空间很大。

但是到公司实习一个星期后，杨瑞陷入困境之中。

原来，这是一家典型的家族式企业，公司中的关键职位基本上都由老板的亲属担任。尤其是老板安排了他的大儿子给杨瑞做临时上级，而这个人主要负责公司研发工作，根本没有管理理念，更不用说人力资源管理理念。在他的眼里，只有技术最重要，公司只要能赚钱，其他的一切都无所谓。但杨瑞认为，越是这样就越有自己施展才华的空间。因此，在到公司的第五天，杨瑞拿着自己的建议书走进了这位上级的办公室。

"王经理，我到公司已经快一个星期了，有一些想法想和您谈谈，您有时间吗？"杨瑞走到王经理办公桌前说。

"来来来，小杨，我本来早就应该和你谈谈了，可是最近一直扎在实验室里，就把这件事给忘了。"

"王经理,对于一个企业,尤其是处于上升阶段的企业来说,要持续发展,必须在管理上狠下功夫。我来公司快一个星期了,据目前我对公司的了解,我认为公司的主要问题在于职责界定不清;员工的自主权力太小,致使员工觉得公司对他们缺乏信任;员工薪酬结构和水平的制定随意性较强,缺乏科学、合理的基础,因此薪酬的公平性和激励性都较低。"杨瑞按照自己事先所列的提纲开始逐条向王经理叙述。

王经理微微皱了一下眉头,说:"你说的这些问题我们公司确实存在,但是你必须承认一个事实——我们公司在盈利。这就说明我们公司目前实行的体制有它的合理性。"

"可是,目前公司在发展并不等于将来也可以发展,许多家族式企业都败在管理上。"

"好了,那你有具体方案吗?"

"目前还没有,这些还只是我的一点儿想法而已,但是如果得到了您的支持,我想方案只是时间问题。"

"那你先回去做方案,把你的材料放这儿,我先看看,然后给你答复。"说完,王经理的注意力又回到了研究报告上。

杨瑞此时真切地感受到了不被认可的失落,她似乎已经预计到自己第一次提建议的结局。

果然,杨瑞的建议书如石沉大海,王经理好像完全不记得建议书的事了。杨瑞陷入困惑之中,她不知道自己是应该继续与上级沟通还是干脆放弃这份工作,另找一个发展空间。

问题:

1. 杨瑞所遇到的问题是她还是王经理造成的?
2. 在这个案例中,最关键的问题是什么?
3. 如果你是杨瑞,在不离开公司的情况下,将如何做?
4. 如果你是王经理,应该怎么做?

案例 11-2 迪特公司的员工意见沟通制度

迪特公司是一家拥有 12 000 多名员工的大公司,早在 20 年前,该公司就认识到员工意见沟通的重要性,并且不断地加以实践。现在,公司的员工意见沟通制度已经相当成熟和完善。特别是在 20 世纪 80 年代面临全球性的经济不景气时,这一制度对提高公司的劳动生产率发挥了巨大的作用。

公司的员工意见沟通制度建立在这样一个基本原则之上:个人或机构一旦购买了迪特公司的股票,他就有权知道公司的完整财务资料和一些更详尽的管理资料。迪特公司的员工意见沟通制度主要分为两个部分:一是每月举行的员工协调会议;二是每年举办的主管汇报和员工大会。

一、员工协调会议

早在 20 年前,迪特公司就开始试行员工协调会议,即每月举行一次公开讨论会。在会上,管理人员和员工共聚一堂,商讨彼此关心的问题。在公司的总部、各部门、各基层组织都举行员工协调会议。这是标准的双向意见沟通会议。

在开会之前,员工可事先将建议或怨言反映给参加会议的员工代表,代表在员工协调会议上把意见转达给管理部门。管理部门也可以利用这个机会,将公司政策和计划讲解给各位代表,相互之间进行广泛的讨论。

公司里共有90多个这类组织。问题如果在员工协调会议上不能得到解决,将被逐级反映,直至有满意的答复。事关公司的总政策,一定要在首席代表会议上才能决定。总部高级管理人员如果认为意见可行,就立即采取行动;如果认为意见不可行,也要向大家解释。员工协调会议的开会时间没有硬性规定,一般都是开会一周前在布告牌上通知。为保证员工意见能被迅速地逐级反映,员工协调会议应先召开。

同时,迪特公司也鼓励员工参与另一种形式的意见沟通。公司安装了许多意见箱,员工可以随时将自己的意见或问题投到意见箱里。为了配合这一计划的实行,公司还特别制定了一项奖励规定,即凡是员工意见被采纳后,产生了显著效果的,公司将给予优厚的奖励。如果员工对这些间接的意见沟通方式不满意,还可以用更直接的方式来面对面地与管理人员交换意见。

二、主管汇报

对于员工来说,迪特公司主管汇报和员工大会的性质与每年的股东财务报告、股东大会类似。公司员工都可以接到一份详细的公司年终报告。

这份主管汇报有20多页,包括公司发展状况、财务报表分析、员工福利改善、公司面临的挑战以及对员工协调会议所提主要问题的解答等。公司各部门接到主管汇报后,便可以召开员工大会。

三、员工大会

员工大会都是利用上班时间召开的,每次人数不超过250人,时间约为3小时,大多在规模比较大的部门召开,由总公司委派代表主持会议,各部门负责人参加。会议先由工会主席报告公司的财务状况以及薪金、福利、分红等与员工有切身关系的问题,然后便开始问答式的讨论。

在这里,有关个人问题是禁止提出的。员工大会不同于员工协调会议,提出来的问题一定要具有一般性和客观性,只要不是个人问题,总公司代表一律尽可能地予以迅速解答。员工大会比较欢迎预先提出问题这种方式,因为这样可以事先充分准备,不过员工大会也接受临时性的提议。

问题:

1. 迪特公司是怎样具体实施员工意见沟通制度的?
2. 试分析迪特公司员工意见沟通制度建立的总体指导原则。其依据是什么?

第十二章 控制基础

从前,有一个厨子养了一只猫。一天晚上,厨子要去看望他的朋友。他留下猫看守大批食物,以防老鼠偷吃。可当他一回到家,就看见地板上一片狼藉,到处散落着吃剩的糕饼,猫蹲在一旁,正在"喵呜、喵呜"地吃着东西。

"嘿,嘿!你这个馋嘴的东西,"厨子怒喝道,"竟当着我的面吃起来了!你良心上过得去吗?"

猫始终忙着吃东西。

"你,你竟这样?过去我还把你当作全街的模范呢!你竟堕落到这样的地步!现在每家每户都要说了,'它是个骗子,是个贼!不光不能让它进厨房,还不能让它进院子,就像不能让贪得无厌的狼闯进羊群一样!'"

猫一边听,一边潇潇洒洒地吃着东西。

厨子本来有一个很好的计划:用一只优秀的猫看守厨房里的食物,防备讨厌的老鼠。然而,这个计划却失败了。为什么呢?这是由于厨子的计划根本没有设计控制环节,失去了控制的猫变得比老鼠更可恶,它将整个厨房弄得乱七八糟。这给我们深刻的启示。事实上,管理的本质从某种程度上讲就是控制,就是依据计划进行监督、检查、反馈的过程。本章将从控制的含义、作用与类型,以及控制工作的过程和原则等方面,对控制职能进行剖析。学完本章内容,你将会对控制有更深刻的理解。

第十二章 控制基础

一、学习进度及学时安排

请在第 14 周完成本章内容的学习,至少安排 7 课时的学习时间。

二、本章知识地图

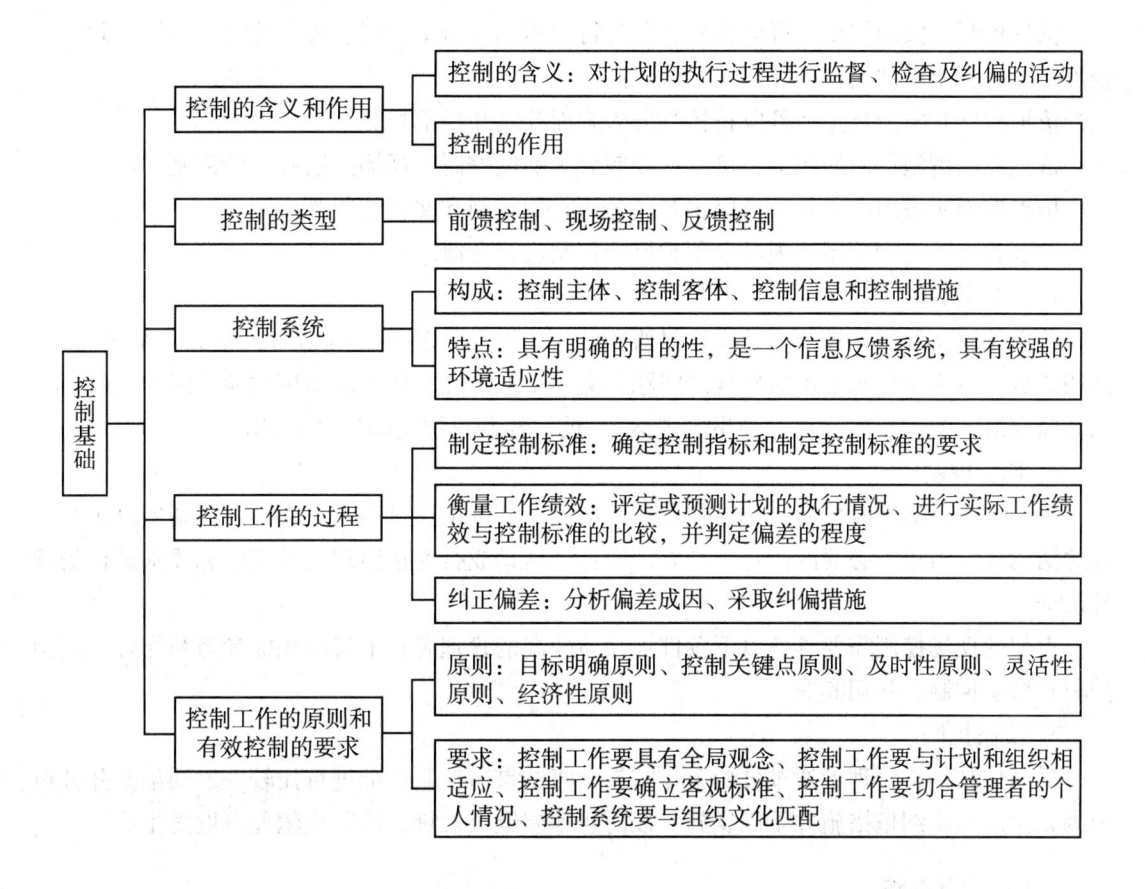

```
                    ┌─ 控制的含义和作用 ─┬─ 控制的含义:对计划的执行过程进行监督、检查及纠偏的活动
                    │                   └─ 控制的作用
                    │
                    ├─ 控制的类型 ──── 前馈控制、现场控制、反馈控制
                    │
                    ├─ 控制系统 ──┬─ 构成:控制主体、控制客体、控制信息和控制措施
                    │            └─ 特点:具有明确的目的性,是一个信息反馈系统,具有较强的
 控制基础 ──┤                       环境适应性
                    │
                    ├─ 控制工作的过程 ─┬─ 制定控制标准:确定控制指标和制定控制标准的要求
                    │                 ├─ 衡量工作绩效:评定或预测计划的执行情况、进行实际工作绩
                    │                 │   效与控制标准的比较,并判定偏差的程度
                    │                 └─ 纠正偏差:分析偏差成因、采取纠偏措施
                    │
                    └─ 控制工作的原则和 ┬─ 原则:目标明确原则、控制关键点原则、及时性原则、灵活性
                       有效控制的要求    │   原则、经济性原则
                                        └─ 要求:控制工作要具有全局观念、控制工作要与计划和组织相
                                            适应、控制工作要确立客观标准、控制工作要切合管理者的个
                                            人情况、控制系统要与组织文化匹配
```

三、内容提要

(一)控制的含义

为保证组织目标以及为实现组织目标所制订的计划得以实现,管理者必须对计划的执行过程进行监督、检查,如果发现偏差,还要及时采取纠偏措施。这就是控制。控制是组织的一项重要职能,在管理实践中具有不可替代性。控制是组织中每一个管理者都需要承担的职责。

113

（二）控制的作用

（1）控制是完成计划任务和实现组织目标的有力保证。
（2）控制是及时解决问题、提高组织效率的重要手段。
（3）控制是组织创新的推动力。

（三）控制的类型

依据控制对象的性质，可以将控制分为行为控制、质量控制、成本控制、信息控制、资金流量控制、全面绩效控制等。

依据控制对象的范围，可以将控制分为全面控制和局部控制。

依据控制措施作用的环节，可以将控制分为前馈控制、现场控制和反馈控制。

依据控制所采用的手段，可以将控制分为官僚控制和文化控制等。

下面着重对前馈控制、现场控制和反馈控制进行介绍。

1. 前馈控制

前馈控制又称预先控制，是指通过观察情况，收集、整理、分析各种信息，掌握规律，预测趋势，正确预计未来可能出现的问题，提前采取措施，将可能出现的偏差消除在萌芽状态。简言之，前馈控制就是"防患于未然"。前馈控制是控制的最高境界。

2. 现场控制

现场控制又称即时控制，是指在某项活动或者某种工作过程中，管理者在现场对正在进行的活动或行为给予必要的监督、指导，以保证活动或行为按照规定的程序和要求进行的管理活动。

有效的现场控制需要具备以下条件：素质较高的管理者；下属的积极参与和配合；适当授权；层层控制，各司其职。

3. 反馈控制

反馈控制是指管理者通过分析工作结果，将结果与控制标准进行比较，发现偏差并分析成因，然后拟定纠偏措施并予以实施，以防止偏差继续发展，或防止偏差再度发生。

（四）控制系统

控制系统是指由控制主体、控制客体、控制信息和控制措施构成的具有自身目标和功能的管理系统。控制系统具有自身的一些特点：

（1）控制系统具有明确的目的性。
（2）控制系统是一个信息反馈系统。
（3）控制系统具有较强的环境适应性。

（五）控制工作的过程

1. 制定控制标准

要控制就要有标准，没有控制标准，就无法实施控制。制定控制标准，一要确定控制指标，二要制定控制标准的要求。

2. 衡量工作绩效

对照控制标准衡量实际工作绩效是控制工作过程的第二步，它又可以分为两个小步骤：一是评定或预测计划的执行情况；二是进行实际工作绩效与控制标准的比较，并判定偏差的程度。

3. 纠正偏差

通过对实际工作绩效与控制标准的比较，可以检验两者之间有无偏差。如果两者之间存在偏差，则首先要判断偏差是否在标准允许的范围之内。若偏差超出标准允许的范围，则应及时地深入分析偏差产生的原因，在此基础上找出适当的纠偏措施，纠正偏差，使工作回到计划要求的轨道上来。因此，在这一步要做好两项工作：首先分析偏差成因，然后采取包括改进工作方法、改进组织工作和领导工作、调整或修正原有计划或标准等在内的纠偏措施。

（六）控制工作的原则

1. 目标明确原则

控制工作必须围绕既定的组织目标及为实现目标而制订的计划展开。

2. 控制关键点原则

管理者应将主要精力放在最为重要的事项、活动或环节上。

3. 及时性原则

一方面，要求管理者能及时、准确地获取控制所需要的信息；另一方面，所采取的纠偏措施应具有一定的预见性。

4. 灵活性原则

控制要有弹性，要制定多种应付变化的预案且留有一定的后备力量，并采取多种灵活的控制方式和控制方法来达到控制的目的。

5. 经济性原则

要把控制所需的费用与控制所产生的效果进行经济上的比较，只有有利可图时，才实施控制。控制工作的经济性原则，一方面要求应有选择地实施控制，另一方面要努力降低控制的各种耗费来提高控制效果。

（七）有效控制的要求

1. 控制工作要具有全局观念

控制工作应当着眼于组织发展的整体需要，即从组织发展的全局出发，有计划、有步骤地开展控制工作。

2. 控制工作要与计划和组织相适应

管理的各项职能相互关联、相互制约，它要求控制系统和控制方法的设计和选择应当同计划和组织的特点相适应。

3. 控制工作要确立客观标准

有效的控制工作需要有客观、准确和适当的标准，这样，计划的执行和监督过程就不会很难了。

4. 控制工作要切合管理者的个人情况

组织建立的控制系统必须符合每个管理者的情况及其个性，为管理者所理解、信任并自觉地使用。

5. 控制系统要与组织文化匹配

为了确保控制的有效性，任何控制系统都必须与组织文化匹配。

四、自测练习

(一) 单项选择

1. 能够有效发现计划与计划实施之间差距的管理环节是（　　）。
   A. 领导　　　　　B. 组织　　　　　C. 控制　　　　　D. 决策
2. 控制是一个动态的、适时的信息（　　）过程。
   A. 通报　　　　　B. 下达　　　　　C. 上报　　　　　D. 反馈
3. 即时控制通常指的是（　　）。
   A. 现场控制　　　B. 前馈控制　　　C. 反馈控制　　　D. 全面控制
4. 管理者在事故发生之前就采取有效的预防措施，防患于未然，这种控制是控制的最高境界，即（　　）。
   A. 现场控制　　　B. 前馈控制　　　C. 反馈控制　　　D. 局部控制
5. 在黄金首饰加工企业，管理者通过电子监测仪检查进出车间的每一个人，以防止黄金的流失。这里，电子监测仪就是控制（　　）。
   A. 控制主体　　　B. 控制客体　　　C. 控制媒体　　　D. 控制系统
6. 某企业将2006年的历史最高利润额作为本年度的利润指标，这在控制标准中属于（　　）。
   A. 历史标准　　　B. 计划标准　　　C. 最高标准　　　D. 年度标准
7. 在控制标准中，诸如单位产品产出所需工时数、耗电量、原材料消耗量，以及单位机器台时产量、货运吨公里油耗等数量指标属于（　　）。
   A. 价值标准　　　B. 实物标准　　　C. 收益标准　　　D. 成本标准
8. 某单位制定的年终考核指标中有一条是"工作要认真负责"，这样的标准不符合制定控制标准的（　　）要求。

  A. 目的性　　 B. 多元性　　 C. 可检验性　　 D. 协调一致性

  9. 某销售人员上一年的销售额为 300 万元，今年初，企业为其制定的本年度销售额指标为 1 600 万元，在今年市场没有特别大变化的情况下，这样的标准显然不符合制定控制标准的（　　）要求。

  A. 目的性　　 B. 可行性　　 C. 可检验性　　 D. 协调一致性

  10. 管理者的精力及其可以利用的资源都是有限的，因此，有效的控制要求管理者将主要精力放在最为重要的事项、活动或环节上，这就是控制工作的（　　）。

  A. 目标明确原则　　 B. 控制关键点原则

  C. 及时性原则　　 D. 灵活性原则

（二）多项选择

1. 组织中应当承担控制职责的人员包括（　　）。

  A. 高层管理者　　 B. 主管人员

  C. 中层管理者　　 D. 基层管理者

2. 控制的作用有（　　）。

  A. 控制是完成计划任务的有力保证

  B. 控制是实现组织目标的有力保证

  C. 控制是组织创新的推动力

  D. 控制是及时解决问题、提高组织效率的重要手段

3. 按照控制对象的范围，可以将控制分为（　　）等类型。

  A. 全面控制　　 B. 局部控制　　 C. 官僚控制　　 D. 文化控制

4. 有效的现场控制需要具备一定的条件，如（　　）。

  A. 素质较高的管理者　　 B. 下属的积极参与和配合

  C. 很强的预测能力　　 D. 适当授权

5. 控制系统是指由（　　）构成的具有自身目标和功能的管理系统。

  A. 控制主体　　 B. 控制客体　　 C. 控制信息　　 D. 控制措施

6. 下列选项中，（　　）属于没有确定的实物单位，只以一定的金额予以表示的控制标准。

  A. 销售额　　 B. 耗电量　　 C. 成本总额　　 D. 工资总额

7. 用于衡量工作绩效的各种信息应满足（　　）等方面的要求。

  A. 及时　　 B. 可靠　　 C. 适用　　 D. 灵活

8. 控制的关键环节是采取切实可行的纠偏措施，一般而言，采取纠偏措施可以考虑的方面包括（　　）。

  A. 改进工作方法　　 B. 改进组织工作和领导工作

  C. 调整或修正原有计划或控制标准　　D. 调整原有控制标准

9. 为了保证对组织工作进行有效的控制，管理者应遵循的原则包括（　　）等。
   A. 目标明确原则　　　　　　　　　B. 控制关键点原则
   C. 刚性原则　　　　　　　　　　　D. 及时性、经济性原则

（三）判断正误

1. 为了提高控制的有效性，确保计划不折不扣地被执行，就要使控制系统具有一定的刚性。（　　）
2. 控制工作只是主管人员或主要是中层管理者的职责。（　　）
3. 对于当前的管理过程而言，控制有利于组织少走弯路，降低偏差对组织效率产生的负面影响。（　　）
4. 前馈控制实际上是一种"亡羊补牢"式的控制。（　　）
5. 控制客体即控制对象，也就是组织中的人。（　　）
6. 一般来说，高层管理者主要从事例外性、非程序性和重大的程序性的控制活动，而中层管理者和基层管理者集中从事例行性、程序性的控制活动。（　　）
7. 控制的目的必须是对控制客体进行全面而细致的评价。（　　）
8. 控制和计划密不可分，控制就是要保证计划的实现，因此，控制标准主要来自计划。（　　）
9. 成本标准和收益标准都属于实物标准。（　　）
10. 管理者必须完全了解计划执行过程的全部细节，才可以实现对组织活动的有效控制。（　　）

（四）名词解释

1. 控制
2. 现场控制
3. 前馈控制
4. 反馈控制

五、模拟实训

项目：组织控制技术调研

要求：走访一家企业、医院、政府机关或一所学校等，与管理者进行谈话，了解以下问题：

1. 该组织控制系统的具体组成。
2. 该组织控制主体的工作程序。
3. 该组织控制标准的类型。
4. 该组织控制原则的遵循情况。

六、案例讨论

案例 12-1　汤姆的目标与控制

汤姆担任某工厂的厂长已经一年多了。他刚看了有关工厂今年实现目标情况的统计资料，厂里各方面工作的进展情况出乎他的意料，他为此很生气。

汤姆记得他就任厂长后的第一件事就是亲自制订了一系列计划。具体地说，他要解决工厂的浪费问题，要解决员工超时工作的问题，要解决废料的运输费用问题。具体规定如下：一年内要把购买原材料的费用降低10%～15%；把用于支付员工超时工作的费用从原来的11万美元降到6万美元；要把废料的运输费用降低3%。他把这些具体目标告诉了下属有关方面的负责人。

然而，他刚看过的年终统计资料显示，原材料的浪费比去年更为严重，竟占总额的16%；员工超时工作的费用也只降到9万美元，远没有实现原定的目标；而运输费用根本没有降低。

汤姆把这些情况告诉了负责生产的副厂长，并严肃批评了这位副厂长。但副厂长争辩说："我曾对工人强调，要注意减少浪费，我原以为工人会按照我的要求去做。"人事部门的负责人也附和道："我已经为削减员工超时工作的费用做了最大的努力，只支付那些必须支付的款项。"而运输部门的负责人说："我对未能把运输费用降下来并不感到意外，我已经想尽了一切办法。我预测，明年的运输费用可能要上升3%～4%。"

在分别与有关方面的负责人交谈之后，汤姆又向他们提出了新的要求。他说："生产部门一定要把原材料的费用降低10%，人事部门一定要把员工超时工作的费用降到7万美元。运输费用即使提高，也绝不能超过今年的标准。这就是我们明年的目标。我到明年底再看你们的结果！"

问题：
1. 汤姆就任后所制订的计划属于什么计划？
2. 你认为导致汤姆控制失败的原因是什么？
3. 汤姆的控制标准属于什么标准？
4. 汤姆所制定的下一年的目标能实现吗？为什么？

案例 12-2　39 滴焊料

虽然一滴焊料不起眼，但是"石油大王"洛克菲勒曾为之做足了文章。一次，洛克菲勒视察美孚石油公司一家包装出口石油的工厂，发现包装每只油罐用40滴焊料。他注视良久，对工人说："你有没有试过用38滴焊料？"经过当场试验，用38滴焊料不行，偶尔有漏油的现象，但用39滴焊料滴封的油罐中没有一只漏油。于是，洛克菲勒当即决定，39滴焊料是美孚石油公司各工厂的统一规格。

可别小瞧这一滴焊料，涓滴成河，聚沙成塔，日积月累，这便是一大笔财富。更为重要的是，我们从中可以看出洛克菲勒从严管理、节俭治业的精神。他一生信奉"勤俭生财"的准则。平素，他除了筹划企业的经营方略，就是到处巡视，寻找管理上的问题和漏洞。对于公司的账簿，他特别留心，必须亲自过问。他能抓住某些细节提出质问或提出一些能够省钱的主意。洛克菲勒不愧为一个精打细算的富翁。

中国有句古话：成由节俭败由奢。居家过日子如此，办企业、搞建设又何尝不是如此？经营和管理是事业成功的双翼，缺一不可。在企业深化改革、建立现代企业制度的关口，精于管理，杜绝跑、冒、滴、漏，减少内耗，显得尤为重要。高效的管理不仅要体现在管理机制上，而且应该从生产优化、科技创新、增收节约等"细处"着手，努力挖潜减耗。

一滴焊料虽小，却蕴藏着"大管理"。

问题：
1. 洛克菲勒所找到的关键控制点是什么？
2. 关键控制点的标准有哪些？

第十三章 控制系统和方法

　　一群孩子在一位老人门前嬉闹，叫声连天。几天过去，老人实在难以忍受。于是，他出来给了每个孩子25美分，并对他们说："你们让这儿变得很热闹，我觉得自己年轻了不少，用这些钱来表示谢意。"孩子们很高兴。第二天，孩子们又来了，一如既往地嬉闹。老人再出来，给了每个孩子15美分。他解释说，自己没有收入，只能少给他们一些。15美分也还可以吧，于是孩子们兴高采烈地走了。第三天，老人只给了每个孩子5美分。孩子们生气地说："一天才给5美分，你知不知道我们多辛苦？"他们向老人表示，再也不会为他玩了！
　　于是老人门前安静了。

　　控制的目的是使活动符合计划，要实现有效控制，就必须依靠精妙的方法。在这个小故事中，老人的计划是让孩子们远离自己的家门口。最常用的做法就是喝呼孩子们，那么可能的后果就是孩子们以逆反为乐，开始一种新的和老人捉迷藏的游戏。可老人没那么做，而是认真研究了孩子们的动机和自己的计划，采用引导或者反向引诱的方法达到了自己的目的。

　　仔细想想，控制其实也是一种引导活动，即引导行为按照既定计划进行。学完本章内容，你将会对控制系统（如人员控制系统、作业控制系统、预算控制系统等）及其控制方法有所了解。

一、学习进度及学时安排

请在第15周完成本章内容的学习,至少安排7课时的学习时间。

二、本章知识地图

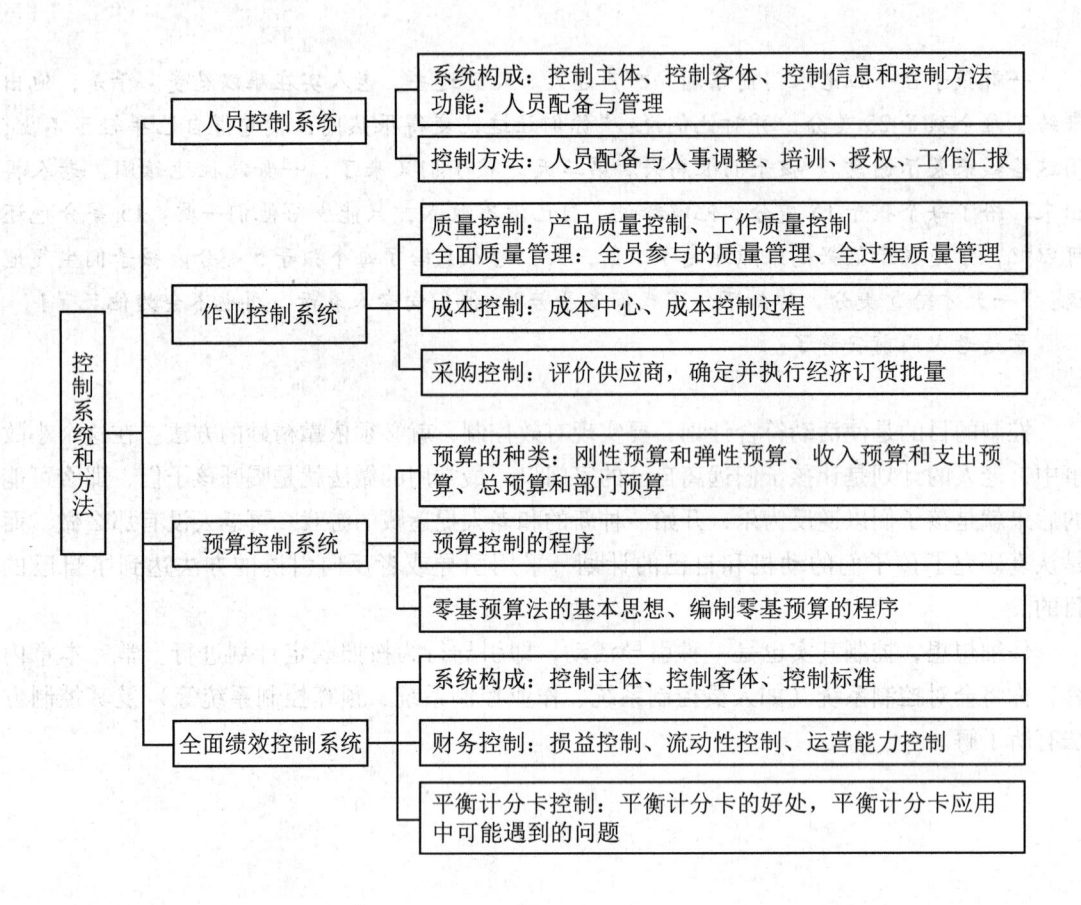

```
                    ┌─ 人员控制系统 ─┬─ 系统构成:控制主体、控制客体、控制信息和控制方法
                    │              │  功能:人员配备与管理
                    │              └─ 控制方法:人员配备与人事调整、培训、授权、工作汇报
                    │
                    ├─ 作业控制系统 ─┬─ 质量控制:产品质量控制、工作质量控制
                    │              │  全面质量管理:全员参与的质量管理、全过程质量管理
控制系统和方法 ─────┤              ├─ 成本控制:成本中心、成本控制过程
                    │              └─ 采购控制:评价供应商,确定并执行经济订货批量
                    │
                    ├─ 预算控制系统 ─┬─ 预算的种类:刚性预算和弹性预算、收入预算和支出预算、总预算和部门预算
                    │              ├─ 预算控制的程序
                    │              └─ 零基预算法的基本思想、编制零基预算的程序
                    │
                    └─ 全面绩效控制系统 ─┬─ 系统构成:控制主体、控制客体、控制标准
                                      ├─ 财务控制:损益控制、流动性控制、运营能力控制
                                      └─ 平衡计分卡控制:平衡计分卡的好处,平衡计分卡应用中可能遇到的问题
```

三、内容提要

(一)人员控制系统的构成和功能

1. 人员控制系统的构成

人员控制系统主要由控制主体、控制客体、控制信息和控制方法构成。控制主体是各级管理者;控制客体是组织中的各类成员及其行为;控制信息主要是指控制人员行为过程中可利用的信息,包括岗位说明书、操作规程、人员履历、工作汇报、绩效考评信息

等；控制方法包括直接监督、职位设计、人事调整、培训、授权、绩效考评、组织文化建设等。

2. 人员控制系统的功能

人员控制系统的功能主要体现在以下几个方面：为岗位或任务配备合适的人员；明确任务及偏差的责任人；调动组织成员的士气，提高他们的执行能力和自我控制能力。

（二）人员控制方法

1. 人员配备与人事调整

为岗位或为任务配备合适的人员和进行必要的人事调整。

2. 培训

确定培训需求，细化总体培训需求，选择培训方法，增强培训效果。

3. 授权

授权是指管理者把自己的职权授予下属，使下属拥有相当的自主权和行动权。授权有助于实现下属的自我控制，进而提高控制的有效性。

4. 工作汇报

管理者要求下属定期或不定期地递交工作汇报是一种普遍的控制方法。工作汇报是下属向上级汇报工作进展的书面材料。工作汇报所要解决和回答的中心问题是对一定时期内的工作经验和教训进行总结、分析和评价，肯定成绩和找出问题。工作汇报要满足客观性、典型性、指导性、证明性要求。

（三）作业控制系统

作业控制系统接受人员、资金、技术、设备、材料和信息等的输入，然后将其转换成能满足需要的产品或服务。对作业控制系统的控制主要围绕质量、成本和采购等问题展开。

1. 质量控制

组织的质量控制包括产品质量控制和工作质量控制。

产品质量控制是组织为生产出合格产品、提供给顾客满意的服务和减少无效劳动而进行的控制。工作质量控制是指组织为保证和提高产品质量，对经营管理和生产技术进行的水平控制。

2. 全面质量管理

全面质量管理是指组织内部的全体成员都参与到产品质量和工作质量工作过程中，把组织的经营管理理念、专业操作和开发技术、各种统计与会计手段等结合起来，在组织中普遍建立从研究开发、产品设计、采购、生产加工到产品销售、售后服务等环节的贯穿组织生产经营全过程的质量管理体系。全面质量管理主要包括全员参与的质量管理和全过程质量管理两个方面。

3. 成本控制

（1）成本中心。为进行有效的成本控制，许多组织引用了成本中心的概念。工厂、部门、工作区都可以当作独立的成本中心，而且其主管人员对其产品或服务的成本负责。

（2）成本控制过程。成本控制过程如下：制定控制标准，确定目标成本；根据各种数据记录、统计资料进行成本核算；进行成本差异分析；及时采取措施，降低成本。

4. 采购控制

采购控制包括评价供应商，确定并执行经济订货批量。

（四）预算控制系统

1. 预算的种类

（1）刚性预算，是指在执行过程中没有变动余地或者变动余地很小的预算。

（2）弹性预算，是指预算指标留有一定的调整余地，有关当事人可以在一定的范围内灵活执行预算确定的各项目标和要求的预算。

（3）收入预算，是指对组织活动未来的货币收入进行的预算。

（4）支出预算，是指对组织活动未来支出进行的预算。

（5）总预算，是指以组织整体为范围，涉及组织所有收入或支出项目的总的预算。

（6）部门预算，是指组织内各部门在保证总预算的前提下，根据本部门的实际情况安排的预算。

2. 预算控制的程序

第一步，深入了解组织过去财政年度的预算执行情况和未来年度的发展需要，以此作为组织制定预算的主要依据。

第二步，围绕组织的发展规划和组织外部环境和内部条件制定组织的总预算，主要包括收入总预算、支出总预算、现金流量总预算、资金总预算、主要产品产量和销量总预算等，并粗略编制组织的预算资产负债表。

第三步，将组织总预算中确定的任务层层分解，由各个部门、基层单位制定本部门、本单位的预算，并上报高层管理者。

第四步，组织高层管理者在综合各个部门上报的预算后，调整部门预算甚至总预算，最终确定预算方案，并下发给各部门。

第五步，组织贯彻落实预算确定的各项目标，在实施过程中予以监控，及时发现问题，并采用有针对性的纠偏措施。

（五）零基预算法

1. 零基预算法的基本思想

零基预算法的基本思想：在每个预算年度开始时，把所有还在继续开展的活动视为从零开始，重新编制预算。预算编制人员以一切从零开始的思想为指导，根据各项活动的实际需要安排各项活动以及各个部门的资源分配和收支。

2. 编制零基预算的程序

编制零基预算的程序：建立预算目标体系；逐项审查预算；排定各项目、各部门的优先顺序；编制预算。

（六）全面绩效控制系统的构成

1. 控制主体

组建以组织战略决策者为核心、部门管理者参与的战略绩效考评小组，由该小组组织实施考评工作。

2. 控制客体

全面绩效是相对于组织战略目标的实现情况而言的，它以部门绩效为基础，与组织资源条件、业务流程和管理体制等因素有重要关系。

3. 控制标准

在确定战略性绩效控制标准时，首先要分析组织战略取得成功的关键因素，以及组织文化的要求，选择关键的考评指标，设计控制标准。在全面绩效控制体系中，不仅要有财务指标，而且要有用于对组织流程的合理性、管理制度的有效性、组织文化的健康性等方面进行分析评价的非财务指标。全面绩效控制体系要具有一定的灵活性。

（七）财务控制

1. 损益控制

损益控制常用的财务指标有销售利润率、投资收益率等。销售利润率说明某种产品获利的能力，而投资收益率则反映组织资产创造利润的效率。

2. 流动性控制

流动性控制主要用于检验组织资产变现并用于偿还各种到期债务的能力，进而揭示组织财务风险的大小。评价组织短期偿债能力的财务指标主要有流动比率、速动比率等。长期偿债能力评价主要反映组织偿还长期借款、长期应付款、长期债券等长期债务的能力。

3. 运营能力控制

运营能力控制能够反映组织的资金周转情况，进而使管理者了解组织的经营管理水平。评价组织运营能力的财务指标主要有存货周转率、应收账款周转率、流动资产周转率、固定资产周转率等。

（八）平衡计分卡控制

平衡计分卡的核心思想就是以组织战略为出发点，通过财务业绩、顾客导向、内部运营、学习与成长四类指标之间相互驱动的因果关系展现组织战略的实施轨迹，实现绩效评价、绩效改进以及战略实施、战略修正的目标。

（1）平衡计分卡的好处：因果关系分析；注重各种利益关系的平衡；考评指标更加科学化。

（2）应用中可能遇到的问题：会受到文化、环境变化等多种因素的制约和影响；多项指标之间的权衡问题；对环境变化的跟踪与调整能力不足；难以解决一个战略业务部门内部个人绩效考评的问题；各战略业务部门评价指标和评价信息难以在组织层面汇总。

四、自测练习

（一）单项选择

1. 人员控制系统的控制客体是（　　）。
　　A. 各级管理者　　　　　　　　　B. 组织中的各类成员及其行为
　　C. 人事部门　　　　　　　　　　D. 主管人员

2. 基层管理者常用的控制方法是（　　）。
　　A. 培训　　　　B. 直接监督　　　　C. 股票期权　　　　D. 人事调整

3. 进行质量控制，管理者首先应该掌握（　　）。
　　A. 成本收益分析法　　　　　　　B. 供应链管理方法
　　C. 全面质量管理方法　　　　　　D. 预算控制

4. 对于营利组织来说，（　　）是提高组织经济效益或获取价格优势的基本途径。
　　A. 质量管理　　　B. 降低成本　　　C. 采购控制　　　D. 产品控制

5. 在确定目标成本的方法中，（　　）是以组织在长期的实践过程中确定的各项劳动定额、消耗定额为基础制定目标成本。
　　A. 历史成本法　　　　　　　　　B. 计划法
　　C. 定量法　　　　　　　　　　　D. 定额法

6. 采购控制的目的就是确保向作业系统输入足量的、质量可靠的、来源稳定的输入品，同时（　　）。
　　A. 降低采购成本　　　　　　　　B. 提高产品质量
　　C. 减少对机器的磨损　　　　　　D. 提高利润

7. 在对供应商的评价中，（　　）主要涉及供应商响应买方需求变化的能力。
　　A. 技术能力　　　B. 服务能力　　　C. 协同能力　　　D. 供应能力

8. （　　）能够反映组织的资金周转情况，进而使管理者了解组织的经营管理水平。
　　A. 流动性控制　　B. 运营能力控制　　C. 损益控制　　　D. 成本控制

9. （　　）反映组织资产创造利润的效率。

A. 销售利润率 B. 产品合格率
C. 固定资产折旧率 D. 投资收益率

10. 当存货周转缓慢和难以出售时，（ ）能更准确地反映组织偿还短期债务的能力。
    A. 速动比率　　B. 流动比率　　C. 偿债率　　D. 收益率

11. 评价组织运营能力的财务指标不包括（ ）。
    A. 存货周转率 B. 应收账款周转率
    C. 资产负债率 D. 固定资产周转率

（二）多项选择

1. 人员控制系统的构成包括（ ）。
   A. 控制客体　　B. 控制主体　　C. 控制信息　　D. 控制方法

2. 人员控制系统的功能主要体现在（ ）。
   A. 明确任务及偏差的责任人
   B. 为岗位或任务配备合适的人员
   C. 合理安排薪酬
   D. 调动组织成员的士气，提高他们的执行能力和自我控制能力

3. 人员控制方法包括（ ）。
   A. 人员配备与人事调整 B. 培训
   C. 授权 D. 工作汇报

4. 一般来说，对作业控制系统的控制主要围绕（ ）等问题展开。
   A. 利润　　B. 质量　　C. 成本　　D. 采购

5. 单位产品的总成本一般由两部分构成，即（ ）。
   A. 单位成本　　B. 固定成本　　C. 平均成本　　D. 可变成本

6. 成本控制过程包括（ ）。
   A. 制定控制标准，确定目标成本
   B. 及时采取措施，降低成本
   C. 进行成本差异分析
   D. 根据各种数据记录、统计资料进行成本核算

7. 根据不同的分类标准，可以将预算分为不同的类型，包括（ ）。
   A. 刚性预算和弹性预算 B. 采购预算和成本预算
   C. 收入预算和支出预算 D. 总预算和部门预算

8. 编制零基预算的程序包括（ ）。
   A. 建立预算目标体系 B. 逐项审查预算
   C. 编制预算 D. 排定各项目、各部门的优先顺序

9. 从组织层次来看，可以将绩效分为（ ）。
   A. 组织成员个人绩效 B. 部门绩效

C. 全面绩效 D. 董事会绩效
10. 财务控制包括（　　）。
   A. 盈利率控制 B. 损益控制
   C. 流动性控制 D. 运营能力控制

（三）判断正误

1. 目前，有些组织的招聘、培训、报酬、绩效考评等工作主要由人事部门负责，所以，人员控制系统的控制主体是人事部门。（　　）
2. 授权是指上级把自己的职权授予下属，使下属拥有相当的自主权和行动权。（　　）
3. 培训效果的好坏在很大程度上取决于培训机构的选择。（　　）
4. 产品质量是工作质量的体现，也是工作质量的基础和保证。（　　）
5. 全面质量管理强调，在不同环节发现的有关信息要尽可能地在组织内部共享，以利于共同提高产品质量。（　　）
6. 在作业控制系统产出一定的情况下，成本费用越高，作业控制系统的效率越高。（　　）
7. 采购控制的一项重要工作就是对输入品进行评价和挑选，以确保输入品的质量、数量和建立稳定的购销关系。（　　）
8. 零基预算法的基本思想是，在每个预算年度开始时，把所有还在继续开展的活动视为从零开始，重新编制预算。（　　）
9. 全面绩效控制需要将传统的财务评价和非财务评价结合。（　　）
10. 流动性控制主要用于检验组织的资金周转情况，进而使管理者了解组织的经营管理水平。（　　）

（四）名词解释

1. 人员控制系统
2. 全面质量管理
3. 零基预算法

五、模拟实训

项目：熟练掌握零基预算法的操作

要求：寻找并探访一家采用零基预算法编制预算的企业，与预算编制人员进行交流，针对零基预算法的操作，寻求下列问题的答案：

1. 与传统预算方法相比，零基预算法有哪些优势？
2. 零基预算法适合什么类型的企业？
3. 采用零基预算法对预算编制人员有什么要求？
4. 目前采用零基预算法主要遇到了什么问题？

六、案例讨论

案例13-1　丰田生产方式——全系统性产品质量体系

在丰田公司，全面质量管理也叫作"全公司的质量管理"。它包含两层意思：第一层意思是产品生产"全过程"的质量管理；第二层意思是全体员工参与的全员管理。美国的全面质量管理一般侧重于第一层意思，主要是要求发挥组织机能的作用。而日本引进全面质量管理之后，结合具体条件，侧重于第二层意思，特别重视发挥人的作用，这是日本汽车企业质量管理的最大特点。丰田公司认为，这叫作尊重人格。

产品生产"全过程"的质量管理包括七个阶段：产品规划，产品设计，试制、试验，生产准备，批量生产，产品制造质量检查和销售服务，每个阶段都有严格的质量要求和检查规定，其目的是向用户提供高质量的产品或服务。第一至第四个阶段是保证新产品质量的关键，如果产品规划、产品设计和生产准备工作做不好，那么制造技术再好也无济于事；第五个阶段和第六个阶段是投产后保证加工制造质量的阶段；第七个阶段是产品销售后保证用户使用质量的阶段。

生产准备阶段质量保证活动的基本目的是正确掌握设计意图，充分保证设计的质量要求，新产品投入批量生产后，质量问题就由丰田式的生产管理予以保证。在"丰田生产方式"中，非常重要的一点就是，在生产过程中，工人必须做他们分内之事，逐一检验他们所用的零配件中有无次品。另外，在总装生产线上，每个工人的职责都有明确划分，一旦发现产品出现质量问题或在规定的时间内不能完成操作，工人就要拉起停机绳，当传送线到达他的位置时就会停止运行。班长或组长会马上过来，查看出现的故障，以采取相应的措施。通常在下一步组装件到达该生产线之前，故障已被排除，生产线重新启动。在丰田公司的工厂里，工人被灌输的质量哲学是，拉动这根绳子是一种耻辱，所以人人都仔细操作，不使生产线出现问题。因此，那根绳子潜在的意义远远大于它的实际意义。

可见，丰田生产方式的质量管理就是以保证百分之百的优等品为目的的，一旦出现不合格品，不惜停止生产线来找出原因，从而使问题得到彻底的解决，以求不再出现同样的质量事故。为了保证质量，丰田公司还视超产为一种严重的浪费情形。例如，在多数工厂里，工人往往努力超产，因为他们一旦达到指标就可以轻松了，结果是产品质量忽高忽低。但在丰田公司，根据质量要求设计的程序是一道道工序有条不紊地进行，产品质量没有上下波动，给用户的数量正合适，结果是工厂平稳运转，每个人都在忙碌。曾在丰田公司工作的美国密歇根大学日本技术管理教程主任约翰·舒克说过，丰田质量体系需要大量详尽的计划、严格的纪律、勤奋的工作和对细微之处的专注。

丰田公司质量管理最大的特色就是，在吸取欧美全面质量管理方式的基础上，大力开展全员质量管理。欧美实行全面质量管理主要依靠专职的专家充分发挥作用，总经理等高层领导者不一定要懂得质量管理。而丰田公司根据本企业的特点,一开始就采取总经理、中层负责干部、技术人员以及广大工人共同学习,并由全体员工共同参加质量管理的方式,这就使"质量"一词有了更加广泛的含义,包括服务的质量、系统的质量、部门的质量、公司的质量以及最高负责人决策方针的质量等。

为了更好地贯彻执行产品质量体系,丰田公司还建立了"三结合"的运作方式。

(1) 从组织来看,是高层领导、中层负责干部和工人的"三结合"。

(2) 从活动的内容来看,是质量保证、降低成本、安全和保养的"三结合"。

(3) 从开展运动的方式来看,是质量保证活动、降低成本、合理化建议的"三结合"。

20世纪50年代,丰田公司曾向全体员工公开征求体现丰田精神的标语,以此激励员工的参与意识。最后当选的标语是"优良的品质、崇高的思想"。从此以后,这条标语就成为丰田人长期努力的目标,至今还被做成光彩夺目的霓虹灯标语牌,高悬在丰田公司各厂的通渠大道上,作为丰田公司灌输给员工塑造高品质的标杆。

问题:

1. 丰田公司产品质量体系的最大特点是什么?
2. 丰田公司的管理经验可否为我国企业所用?为什么?

案例13-2 邯钢——"倒推"出来的利润

钢铁行业是多流程、大批量生产的行业,生产过程的高度计划性决定了企业必须对生产流程的各个环节实行高度集中的管理。为了严格成本管理,一般依据流程将整个生产线划分为不同的生产单元,在各个生产单元之间采用某些锁定转移价格的办法。邯钢在成本管理方面率先引入市场竞争手段,以市场竞争力为导向分解内部转移成本,再以此为控制指标落实到人和设备上,将指标责任与奖罚挂钩,建立了独特的成本控制体系。

对邯钢而言,要挤出利润,首先需要确定合理、先进、效益最佳的单位产品目标成本。总厂根据一定时期内市场上生铁、钢坯、能源以及其他辅助材料的平均价格,编制内部转移价格,并根据市场价格变化情况,每半年或每年做一次修订,各分厂根据原材料等的消耗量和"模拟市场价格"核算各自的产品制造成本,以"模拟市场价格"向下一道工序"出售"自己的产品。所获得的"销售收入"与各分厂的产品制造成本之间的差额就是各分厂的销售毛利。销售毛利还需要做以下两项扣除:一是把公司管理费分配给各分厂做销售毛利的扣除项,一般采用固定的数额(根据管理费年预算确定);二是财务费用由各分厂负担,一般根据各分厂实际占用的流动资金额参考国家同期同类利率确定。做这两项扣除后,就形成了各分厂的"内部利润"。

例如,三轧钢分厂生产的线材当时每吨成本高达1 649元,而市场价为1 600元,每吨亏损49元。经过测算,49元全部让三轧钢分厂一个生产单元消化根本行不通。如果从原料采购到炼钢、轧钢开坯和成材,各道工序的经济指标都优化达到历史最好水平,就有可能解决问题。比如,为使产品的包装质量符合公司要求,修卷减去的线材头尾一个月达上百吨,由此造成的损失超过6万元。为了降低成本，该分厂对卷线机进行了技术改造，在充分保证包装质量的前提下，轧用量降低了40%，吨材成本下降了8元。总厂在其他环节也纷纷采取了不同手段降低成本，开坯的二轧钢分厂挖潜降低了5元/吨坯，生产钢锭的二炼钢分厂挖潜降低了24.12元/吨钢，原料外购生铁每吨成本由780元降到750元以下——这样环环相扣，8+5+24.12+(780-750)>49，就可扭亏为盈。

当时，总厂分别对各生产单元下达了目标成本，其中对三轧钢分厂下达了吨材1 329元的不赔钱成本指标。面对这一似乎高不可攀的指标，三轧钢分厂领导班子感到有压力，但又提不出完不成的理由。因为这既是从市场"倒推"出来的，又是根据自己的历史水平和比照先进水平测算出来的。面对新的成本目标，三轧钢分厂只能扎实工作，努力实现。

三轧钢分厂成立专门的领导班子，按工段进行层层分解，依照总厂下达的新成本"倒推"的办法，测算出各项费用在吨钢成本中的最高限额，如各种原燃料消耗、各项费用指标等，大到840多元/吨（时价）的铁水，小到仅0.03元的印刷费、邮寄费，横向分解并落实到科室，纵向分解并落实到工段、班组和个人，层层签订承包协议，并与奖惩措施挂钩，使责、权、利相统一，使每个单位、每个职工的工作都与市场挂钩，经受市场的考验，使全厂形成纵横交错的目标成本管理体系。

为促进模拟市场核算这一机制的高效运转，当然需要严格的奖惩机制保驾护航。在考核方法上，总厂通常给分厂下达一组目标成本和目标利润。分厂的制造成本低于目标成本，即形成成本降低额或称为贷差，作为计奖或不"否决"奖金的依据；反之，则"否决"奖金。实际内部利润大于目标利润的差额通常也被当作计奖的依据。在现实中，有的公司以考核成本降低额为主，有的公司以考核内部利润为主。由于成本降低本身就是增加内部利润的因素，有的公司为了避免重复计奖，就将成本降低额从内部利润增加额中扣除，作为增加内部利润的计奖基数。在保证基本收入的前提下，加大奖金在整个收入中所占的比例，奖金占工资的40%~50%；设立模拟市场核算效益奖，按年度成本降低总额的5%~10%和超创目标利润的3%~5%提取，仅1994年效益奖就发放了3 800万元。结果，三轧钢分厂拼搏一年，不仅圆满实现了目标，而且扭亏为盈，当年为总厂创利润82.67万元。

这种以市价为基础的项目成本倒推分解法，把产品成本、质量、资金占用、品种结构等因素纳入完整的考核体系之中，给了成本中心更大的责任和压力，使分厂在有限的决策权之下，有了除降低成本以外的增利手段；实行优质优价的定价原则，可鼓励分厂提高产品质量，增加"销售收入"，也使它们有了寻求质量与成本最佳结合点的权力；将利息作为内部利润的扣除项，有利于量化资金占用水平，鼓励分厂压缩资金占用；通过对不同品种的合理定价，可鼓励分厂结合市场需求调整产品结构。项目成本倒推分解法从根本上改变了各个流程成本控制与总成本控制之间的关系，使个人的晋升与发展同自己对总成本控制的贡献相关联，从而形成了良性循环。

邯钢推行项目成本倒推分解法，使它能够在国内钢材价格每年降低的情况下保持利润基本不降，1994—1996年实现利润在行业中连续三年排第三名，1997—1999年上升为第二名。

1999年,邯钢的钢产量只占全国钢产量的2.43%,而实现的利润占全行业利润总额的13.67%。冶金行业通过推广邯钢的经验,也促使钢材成本大幅度降低。1997年之后,全行业成本降低基本与钢材降价保持同步。1999年,成本降低还超过了钢材降价的幅度。这不仅使全行业的经济效益呈现恢复性提高,而且为国民经济提供了廉价的钢材,缩小了高于国际钢价的价格差,增强了中国钢铁工业的国际竞争力。

事实上,不只在钢铁行业,其他行业(如有色金属业、机械行业、化学工业、制糖业、造纸业等)也都具有邯钢这种多流程、大批量生产的特点。由于邯钢成功地实施了"模拟市场核算、倒推单元成本、实行成本否决、全员成本管理"这一全新的企业经营机制,全国掀起了一轮学邯钢的浪潮。

问题:
1. 什么是成本控制?其主要过程是怎样的?
2. 邯钢是如何进行成本控制的?

自测练习参考答案及案例评析

第一章　管理与管理学

四、自测练习

（一）单项选择

1. A　2. B　3. C　4. D　5. A　6. C　7. A　8. A　9. D　10. C　11. B

（二）多项选择

1. ABC　2. AC　3. ACD　4. ABCD　5. BCD　6. ABCD　7. ABCD　8. AB

（三）判断正误

1. ×　2. √　3. ×　4. √　5. ×　6. ×　7. ×　8. √　9. ×　10. √

（四）名词解释

1. 管理：是指管理者为有效地实现组织目标，对组织资源和组织活动有意识、有组织、不断地进行协调的活动。
2. 技术技能：是指管理者从事自己管理范围内的工作所需要的技术和能力。
3. 人际技能：又称人际关系技能，是指成功地与人打交道并与人沟通的能力。
4. 概念技能：是指管理者对事物进行洞察、分析、判断、抽象和概括所需要的能力。

六、案例讨论

案例1-1　升任公司总裁后的思考

【案例评析】

案例讲述了郭宁从一名普通大学生晋升为公司总裁的成长历程。就一般的管理规律和管理实践而言，郭宁今后的管理责任加重了，其工作重心也应随之发生转变。要成功地胜任公司总裁的工作，郭宁必须加强其概念技能和人际技能的训练。也就是说，他要注重提高自己对客观事物的洞察、分析、判断、抽象和概括的能力，还要提高自己与人打交道、与人沟通的能力。他要学会着眼于未来、从全局出发、从战略的角度来思考问题和分析问题。只有这样，公司才能长远地发展下去，郭宁也会在管理实践中不断进步。

案例1-2　环境因素对海滨宾馆的影响

【案例评析】

通常，任何一个组织都存在于一定的社会环境之中。组织要想生存和发展，必须了解并适应环境。

影响组织发展的环境因素包括外部环境与内部环境。外部环境又分为宏观环境和产业环境两部分。宏观环境又称为社会大环境，包括经济环境、技术环境、社会文化环境、政治和法律环境和全球化环境。酒店宾馆也不例外。产业环境包括竞争对手、顾客、供应商、战略合作伙伴等。

在本案例中，海滨宾馆的经营状况必然受内外部环境多种因素，如当地的旅游政策、当地的气候和旅游的季节性、游客的喜好、酒店客房的条件、旅游业大环境等的影响。海滨宾馆要想取得良好的经济效益，必须在综合考虑内外部因素的基础上，推出自己的特色产品或服务，如对宾馆进行装修、在餐饮方面推出更精美的食物等。

第二章　管理理论的形成与发展

四、自测练习

（一）单项选择

1. A　2. A　3. C　4. D　5. B　6. C　7. B　8. D　9. A　10. B　11. A　12. A

（二）多项选择

1. BCD　2. ABC　3. ABD　4. ACD　5. ABCD　6. ABCD

（三）判断正误

1. ×　2. ×　3. √　4. ×　5. ×　6. √　7. ×　8. ×　9. ×　10. ×

（四）名词解释

1. 霍桑试验：20世纪二三十年代，美国国家研究委员会和美国西方电气公司合作进行有关工作条件、社会因素与生产效率之间关系的试验。由于该项试验是在美国西方电气公司的霍桑工厂进行的，因此后人称之为霍桑试验。

2. 行为科学：行为科学的定义有广义和狭义之分。广义的行为科学是指运用自然科学的实验和观察方法，研究在自然环境和社会环境中人的行为的科学。已经得到公认的行为科学的学科有心理学、社会学、社会人类学等。狭义的行为科学是指有关工作环境中个人和群体行为的一门综合性学科。

3. "管理理论的丛林"：第二次世界大战后，科学技术飞速发展，生产社会化程度日益提高，这引起了人们对管理理论的普遍重视。管理思想得到丰富和发展，出现了许多新的管理理论和管理学说，形成了众多的学派。这些理论和学派在历史渊源与内容上相互影响、相互联系，形成了盘根错节、争相竞荣的局面。这一现象被美国著名管理学家哈罗德·孔茨称为"管理理论的丛林"。

4. 企业文化：是指一定历史条件下，企业在生产经营和管理活动中所创造的、具有本企业特色的精神财富及其物质形态。它由三个部分组成：精神文化、制度文化和物质文化。

六、案例讨论

案例 2-1　海底捞"善解人性"的企业内部文化管理

【案例评析】

海底捞从只有四张桌子的袖珍火锅店发展到今天店铺遍及全世界，不仅仅是财富的积累，更是精神的凝聚和升华。以"家文化"簇拥形成的团体，不仅包含了家庭的包容性，而且包含了家人的归属感。海底捞不仅密切关注家人和顾客的需求变化，更是及时地将这些合理的需求落地生根。在海底捞，无论是员工还是顾客，他们都能感受到家一般的温暖。这种家一样的企业文化，对外提高了顾客的满意度，对内增强了员工的凝聚力，让每一个员工都产生了强烈的归属感。"家文化"就是海底捞成功的秘诀。

案例 2-2　得利斯集团学习型组织的创建

【案例评析】

创建学习型组织必须从培养学习型的领导者开始。如果领导者是一个独裁者，习惯于故步自封、自以为是，那么这个组织就不可能成为学习型组织。有了学习型的领导者，组织内的其他成员才能受到影响和得到提高。只有组织内的所有成员都成为学习型的员工，组织才会成为学习型组织。得利斯集团总裁就是学习型的领导者。相信在他的领导下，得利斯集团一定会形成尊重员工、重视人才的氛围，每一位员工都会持续不断地学习，最终使得利斯集团在企业文化、技术创新、管理创新等方面发生变化。

第三章 计划工作

四、自测练习

（一）单项选择

1. B 2. C 3. D 4. A 5. B 6. C 7. D 8. B 9. C 10. D 11. A 12. C

（二）多项选择

1. ACD 2. BCD 3. ABD 4. AB 5. ACD 6. BCD 7. ABCD 8. BCD 9. ABCD 10. BD 11. ABCD 12. CD

（三）判断正误

1. √ 2. × 3. × 4. √ 5. √ 6. × 7. × 8. √ 9. √ 10. ×

（四）名词解释

1. 计划工作：计划工作有广义和狭义之分。广义的计划工作是指包括制订计划、执行计划和检查计划执行情况三个环节在内的工作过程。狭义的计划工作主要是指制订计划。

2. 预测：是指根据过去和现在的已知因素，运用科学的方法和手段，探索组织所关心的事物未来的可能发展方向，并做出估计和评价，以指导未来行动的过程。

3. 滚动计划法：这是一种定期修订未来计划的方法。这种方法根据计划的实际执行情况和环境的变化，定期修订计划并逐期向前推移，使短期计划、中期计划和长期计划有机结合起来。

六、案例讨论

案例 3-1　开发新产品与改进现有产品之争

【案例评析】

任何一个组织要想生存、发展并保持较强的竞争力，除了要保证产品质优价廉，更重要的是要根据市场需求的变化，不断引进先进技术，及时推出新产品，吸引更多的消费者，提高市场占有率。一个有远见的管理者，不能只看眼前利益，而忽视组织的长远发展。

案例 3-2 东方电力公司的计划工作

【案例评析】

编制计划的一个关键步骤是明确目标，然后确定目标的类型，如长期目标、短期目标等。各类目标之间的关系要协调好，各部门之间的关系也要协调好。东方电力公司在目标不明确的情况下制订计划工作，必然不会取得成效。

第四章 目标管理

四、自测练习

（一）单项选择

1. D 2. B 3. C 4. A 5. B 6. B 7. D 8. B 9. C 10. D 11. A

（二）多项选择

1. ABD 2. ABCD 3. ABD 4. ABCD 5. ACD 6. ABCD 7. ABD 8. ABCD 9. BCD

（三）判断正误

1. × 2. √ 3. × 4. √ 5. × 6. × 7. × 8. × 9. × 10. × 11. √

（四）名词解释

1. 目标：目标是期望的成果，这些成果可能是个人、部门或整个组织的努力方向。
2. 目标管理：目标管理是一个全面的管理系统。它用系统的方法，使许多关键管理活动结合起来，高效率地实现个人目标和组织目标。具体而言，目标管理是一种通过科学地制定目标、实施目标，依据目标进行考核评价来实施管理任务的管理方法。

六、案例讨论

案例 4-1 某制药公司的目标管理

【案例评析】

目标管理是一项系统工程，目标制定是否合理将直接影响目标管理的实施效果。现代管理学提倡参与制目标制定法，组织员工参与组织目标的制定。对于一个组织来说，目标的制定应该从组织总目标开始，再制定部门目标、个人目标等。同时，目标制定中也要兼顾部门之间的关系，各部门的目标应该相互衔接。另外，目标还应在实施过程不断完善。

案例 4-2 某机床厂的目标管理实践

【案例评析】

目标管理是一种有效的管理方法。只要遵循客观规律，科学地制定目标、实施目标，依据目标进行考核评价，并在实践中不断加以完善，就能取得良好的管理效果。该机床厂的目标管理是有计划、分步骤、有组织地进行的，目标的制定由上而下逐级进行，即先有总目标，再层层分解，最后落实到每个人。有了明确的责、权、利，员工的工作热情必然会被激发。

科学、严格的规章制度是实现目标管理的制度保障。有了这一前提，才能实现员工的自我管理。

第五章　战略管理

四、自测练习

（一）单项选择

1. C　2. A　3. C　4. B　5. D　6. B　7. A　8. C　9. D　10. B

（二）多项选择

1. AC　2. ABD　3. BC　4. CD　5. BCD　6. ABCD　7. BC　8. BCD　9. ABC　10. CD
11. ABCD

（三）判断正误

1. √　2. ×　3. ×　4. ×　5. √　6. √　7. ×　8. ×

（四）名词解释

1. 战略：是指组织为了实现长期生存和发展，在综合分析组织内部条件和外部环境的基础上做出的一系列带有全局性和长远性的谋划。

2. 战略管理：战略管理是组织为了实现长期生存和发展，在对组织内部条件和外部环境进行分析的基础上，确定战略目标和实现目标的有效战略，并将战略付诸实施，对战略实施过程进行控制和评价的一个动态过程。

3. 公司层战略：公司层战略是组织总体的、最高层次的战略，也称总体战略。它主要解决两方面的问题：一是根据组织内部条件和外部环境，确定组织的经营范围，即组织应拥有什么样的业务组合；二是确定每种业务在组织中的地位，并据此决定在各种业务之间如何分配资源。

4. 业务层战略：业务层战略处于组织战略体系的第二层次，主要解决的是在特定的业务领域组织如何参与市场竞争，以获取超过竞争对手的竞争优势，因此也称竞争战略。

5. 职能战略：是在公司层战略和业务层战略的指导下，针对组织各职能部门或专项工作所制定的谋划与方略，是公司层战略和业务层战略的具体实施战略。

六、案例讨论

案例 5-1 悦来公司的战略发展计划

【案例评析】

一般来说，组织的战略可以划分为三个层次：公司层战略（总体战略）、业务层战略和职能战略。总体战略主要回答的是组织应建立什么样的业务组合，以及不同业务在整个组织中所处的位置。它主要包括三种类型：稳定型战略、发展型战略和收缩型战略。

从案例中可以看出，悦来集团成立企划公司进入管理咨询业，应该属于无关联多元化发展战略。无关联多元化发展战略有它的优势，比如，分散经营风险；抓住市场机会，进入更具发展潜力的行业等。同时，这种发展战略也有许多弊端，比如，导致人员和组织结构膨胀，使管理难度和管理费用加大；分散组织资源，降低资源配置效率；新行业领域的进入风险较大；等等。悦来集团关闭企划公司可能有多种原因，如创始人的经营理念、集团长远发展的需要等。

案例 5-2 把所有"鸡蛋"都放在微波炉里

【案例评析】

格兰仕公司根据市场需求的变化，果断进行战略转移，大胆撤掉了收入可观的羽绒服生产线，进入自己并不熟悉、与原服装行业毫无关联的微波炉行业，这确实是一个有魄力的决策。虽然其中充满了风险，但是由于对市场脉搏把握得准，加之率先引进先进技术，又集中企业的资源进行技术和市场开发，格兰仕公司很快成长为全球规模最大的微波炉生产厂家，真正做到了"把所有的鸡蛋都装进一个篮子里，然后看好这个篮子"。

第六章 决　　策

四、自测练习

（一）单项选择

1. A　2. B　3. D　4. D　5. C　6. B　7. C　8. C　9. A　10. C　11. A　12. C

（二）多项选择

1. AB 2. BCD 3. BD 4. ACD 5. ABD 6. ABD 7. CD

（三）判断正误

1. × 2. × 3. √ 4. × 5. √

（四）名词解释

1. 决策：是指为了实现一定的目标，采用一定的科学方法和手段，从两个或两个以上的可行方案中选择一个满意方案的分析判断过程。

2. 德尔菲法：德尔菲法是美国兰德公司于20世纪50年代初发明的一种预测、决策方法，是一种改进的专家意见法，其实质是有反馈的函询调查，它有两个基本点，即函询和反馈。这种方法采取多轮函询与反馈的方式集中意见，得出结论。

3. 头脑风暴法：也称思维共振法、畅谈会法，是美国创造学家亚历克斯·奥斯本首创的一种预测、决策方法。其基本思路是：邀请有关专家在敞开思路、不受约束的气氛下，针对决策问题畅所欲言。通过专家之间的信息交流，引起思维共振，产生连锁效应，从而导致创造性思维的出现。

六、案例讨论

案例6-1 准确决策与盲目投资

【案例评析】

同是生产一类产品，同是中型企业，一个由衰变强，一个由强变衰。这两家企业的兴衰史说明，企业管理者的决策正确与否直接关系到企业的命运。进行重大决策时，更要依据市场需求状况，采用科学的决策方法，否则必将危及企业的生存。

案例6-2 泛美航空公司的陨落

【案例评析】

美国管理学家赫伯特·西蒙曾强调，决策是管理的心脏。决策正确与否对组织的命运有决定性的影响，合理决策是提高组织经济效益的基础。

泛美航空公司陨落的原因之一就是高层管理者的决策失误。主要表现在：公司进行技术改造之前，决策者没能对外部环境进行准确的分析、对市场需求估计不足、对同行业的竞争力分析不够等。当执行战略的过程中发生偏差时，公司没能及时、有效地采取措施进行战略调整，最终导致经营失败。

第七章　组织结构设计

四、自测练习

（一）单项选择

1. C　2. A　3. B　4. D　5. A　6. C　7. B　8. D　9. B　10. D

（二）多项选择

1. AB　2. ABCD　3. ABCD　4. ABD　5. BCD　6. ABCD　7. ABD　8. ABC　9. BCD

（三）判断正误

1. ×　2. √　3. √　4. ×　5. √

（四）名词解释

1. 组织：在管理学中，组织的含义可以从静态和动态两个方面来理解。静态方面，指的是组织结构，即反映人、职位、任务以及它们之间特定关系的网络。动态方面，指的是维持与变革组织结构，以实现组织目标的工作过程。组织需要根据其目标建立组织结构，并适时调整，以适应环境的变化。

2. 组织结构设计：是指一个正式组织为了实现其长期或者阶段性目标，设计或变革组织的结构体系的工作。

3. 事业部制组织结构：事业部制组织结构是一种分级管理、分级核算、自负盈亏的组织结构形式，即一个组织按地区或产品类别分成若干个事业部，从产品设计、原料采购、成本核算、产品制造到产品销售，均由事业部及其所属工厂负责，实行自主经营、独立核算，总部只保留人事决策、预算控制和监督大权，并通过利润等指标对事业部进行控制。

六、案例讨论

案例 7-1　"×媒体"资讯科技公司的组织结构

【案例评析】

组织是为了实现自身的目标而结合在一起的、具有正式关系的一群人。对于正式组织，这种关系是指人们正式的、有意形成的职务和职位结构。管理者要根据工作的需要，对组织结构进行精心设计，明确每个岗位的任务、权力、责任和相互关系，以及信息沟通的渠道，使组织成员在实现目标的过程中，能发挥比合作个人总和更大的力量。组织结构就是由组织内构成要素之间确定的关系形成的。

案例 7-2　某企业的组织结构问题

【案例评析】

从案例中给出的信息可以看出，该企业采用的是直线制组织结构。这种组织结构的优点是结构简单，权力集中，责任与职权明确。它适用于技术较为简单、业务单纯、规模较小的组织。

当企业发展成为拥有 2 000 多人的较大规模后，业务也变得比较复杂，直线制组织结构会制约企业的正常发展。如同案例中王厂长面临的困境一样，一个人管所有的事情，没有效率可言。

此时，该企业需要采用适合当前企业规模的组织结构形式，如职能制组织结构，设立生产计划部门、人力资源部门和后勤部门等，这样可以发挥职能制组织结构的优点，即按职能划分部门，职责明确，职能目标容易实现。每个管理人员都固定地归属于一个职能部门，专门从事某一项职能工作，有利于管理人员熟练掌握本职工作所要求的技能，提高工作效率。

第八章　人员配备

四、自测练习

（一）单项选择

1. B　2. A　3. C　4. D　5. B　6. A　7. C　8. D　9. B

（二）多项选择

1. BCD　2. AB　3. ABCD　4. ABD　5. ABCD　6. CD

（三）判断正误

1. ×　2. ×　3. ×　4. √　5. √　6. ×　7. ×　8. √　9. ×

（四）名词解释

1. 人员配备：人员配备是根据组织结构规定的职位数量与要求，对所需各类人员进行恰当有效的选拔、使用、考评和培养，以合适的人员去充实组织中的各个职位，保证组织活动正常进行，并实现组织既定目标的活动。

2. 内部提升：是指组织内部成员的能力增强并得到充分证实后，被委以需要承担更大责任的更高职位。

3. 外部招聘：是根据一定的程序和规范，从组织外部的众多候选人中选拔符合空缺职位要求的管理人员。

六、案例讨论

案例 8-1 某企业员工的培训问题

【案例评析】

针对案例中的问题，公司的培训工作应做到以下几点：首先，要对培训工作进行系统化管理，设计优质实用的培训内容；其次，要确保培训内容多样性，包括政治思想教育、业务知识和管理等多方面；最后，要采用多种培训方式，包括系统的理论培训、职务轮换、实地参观考察等。

总之，在培训过程中，一般要着重解决以下问题：培训工作与企业目标相结合；上级管理者支持和参与培训工作；选择优秀的培训教员；培训内容有针对性；培训方法与培训对象和培训内容相结合；理论和实践相结合。

案例 8-2 企业怎样留住人才？

【案例评析】

案例中主要蕴含了人力资源管理中的人才激励问题。留人先要留心。蒋明浩总经理的做法伤了员工的心，所以他给再高的年薪也挽不回人心。另外，金钱不是唯一的激励因素。依据激励理论与方法，除了物质激励，员工更需要精神激励，如给员工更多的工作机会和成就感，给员工应有的尊重和晋升的机会等。

第九章 领导理论与领导艺术

四、自测练习

（一）单项选择

1. A 2. C 3. B 4. D 5. C 6. B 7. D 8. A 9. D

（二）多项选择

1. ABD 2. ABCD 3. AB 4. BCD 5. AC 6. BCD 7. ACD 8. ABCD

（三）判断正误

1. √ 2. × 3. × 4. √ 5. × 6. × 7. ×

（四）名词解释

1. 领导：领导是由领导者、被领导者、领导行为、组织目标、行为结果等共同构成的内容体系。

2. 领导者：领导者是领导行为的主体，是领导的基本要素和领导活动的能动主体。

3. 领导者素质：是指在先天禀赋的生理素质的基础上，通过后天的实践锻炼和学习形成的，在领导工作中经常起作用的诸内在要素的总和，是领导者进行领导活动的自身基础条件。

4. 领导班子：是指在一个最高领导者统率下的具有一定结构、一定层次的领导集体。

六、案例讨论

案例9-1 刘总的领导风格

【案例评析】

通过案情介绍，结合相关领导理论，可以看出，刘总的领导风格大体上属于指导型领导，即高任务-低关系。这种类型的领导者界定工作任务和角色，通过发号施令，明确告知下属完成任务的详细规则与程序，重视任务的完成情况，不过多地考虑下属的满意度。这种领导风格的领导者比较专制，对于知识型员工的管理是不适合的。刘总在任职期间对公司发展做出了卓越贡献。从这一点上讲，他是具有一定领导能力的。也正因如此，他才有了一种优越感，忽视其他人的建议和感受。另外，刘总也没有意识到应该为员工创造和谐的工作环境，营造良好的企业文化氛围，而是采用压迫式管理方式，从而引起多数员工的不满。

案例9-2 批评的技巧

【案例评析】

一般人不愿正面批评别人，以免造成摩擦或引起尴尬。但发生错误后，如果没有当场纠正，容易使错误慢慢积累，也可能会造成更严重的后果。当然，批评要讲究方式和方法，语言要中肯，避免尖酸刻薄。两位经理的做法各有利弊，孰优孰劣，应视具体情况而定。

管理者批评员工时，应该指出具体问题，并且针对问题，提出解决办法。另外，批评时还要注意场合，尽量采用与当事人私下面谈的方式。在这过程中，要采用先扬后抑的方法，即先表扬，再指出不足。

第十章 激 励

四、自测练习

（一）单项选择

1. A 2. A 3. C 4. A 5. A 6. A 7. D 8. D 9. C 10. C 11. A

（二）多项选择

1. ABCD 2. BC 3. ABC 4. BCD 5. ABC 6. BCD 7. ACD 8. ABCD 9. ABC 10. ABD

（三）判断正误

1. × 2. √ 3. × 4. × 5. √ 6. × 7. × 8. √ 9. √ 10. √

（四）名词解释

1. 激励：激励是人类活动的一种内心状态。它具有加强和激发动机、推动并引导行为朝向预定目标的作用。通常认为，一切内心要争取的条件，包括欲望、需要、希望、动力等都构成对人的激励。

2. 需要层次理论：需要层次理论由美国著名心理学家和行为学家亚伯拉罕·马斯洛提出。他认为，人的需要可分为生理的需要、安全的需要、社交的需要、尊重的需要、自我实现的需要五大类。一般的人都是按照这个层次从低级到高级，一层一层地去追求并使自己的需要得到满足的。已经满足的需要不再具有激励作用。

3. 双因素理论：美国心理学家弗雷德里克·赫茨伯格围绕需要层次理论对人的需要进行了研究，提出了双因素理论。他认为有两类因素影响人们的行为。他将与工作环境或工作条件相关的因素称为保健因素，将与工作内容紧密相连的因素称为激励因素。保健因素不能直接起到对人激励的作用；激励因素可以调动人的积极性，具有激励作用。

六、案例讨论

案例 10-1 索尼公司的内部招聘制度

【案例评析】

在一个组织中，由沟通方式和渠道带来的管理低效情况是常有的。现实情况是，新进人才或年轻人的思想通常会被认为是对组织情况不了解、理论强实践弱、充满了书卷气息而缺乏解决问题的能力等。这些观点并不一定都是错的，关键是要建立一种帮助年轻人成长、激励年轻人发展的制度。我们不一定认可索尼公司由董事长出面解决问题的方式，但是公司之后建立的制度是令人称道的。

案例10-2 高薪资为什么没有高效率？

【案例评析】

在企业初创时期，大家志同道合、共同奋斗，有共同的目标就有动力。当企业发展到一定规模后，效益提高了，薪资也提高了，原来为之奋斗的目标已经实现。这时，大家容易产生懈怠思想。依据需要层次理论，此时，单纯地提高薪资已经不能满足员工的需要，应该满足员工更高层次的需要，如尊重的需要或者自我实现的需要等。因为提高薪资不是激励员工的唯一手段，当金钱被企业用作吸引和留住人才的手段，或企业中各类管理人员的薪资收入大体相同时，金钱的激励作用往往会有所削弱。这时，最有效的激励手段是为员工提供晋升的机会，给他们提供更广阔的发展空间。另外，随着企业的发展，企业必须走向制度化管理，即制定科学的管理制度，奖罚分明。这才是企业发展的长久之道。

第十一章 沟 通

四、自测练习

（一）单项选择

1. D 2. B 3. B 4. C 5. A 6. C 7. A 8. A 9. C 10. C

（二）多项选择

1. AB 2. ABCD 3. BCD 4. CD 5. ABCD 6. ABC

（三）判断正误

1. × 2. √ 3. × 4. × 5. √ 6. √ 7. × 8. √ 9. √ 10. ×

（四）名词解释

1. 沟通：是指两个或者两个以上的人交流并理解信息的过程，其目的是激励或者影响人的行为。

2. 正式沟通：是指按照组织明文规定的原则、方式进行的信息传递与交流。

3. 非正式沟通：是以非正式组织系统或个人为渠道的信息沟通方式。

4. 冲突：冲突是组织发展中不可避免的现象，可以理解为两个或两个以上的行为主体在特定问题上由于目标不一致、看法不相同或意见有分歧而产生的相互矛盾、排斥、对抗的一种态势。

六、案例讨论

案例 11-1 杨瑞的苦恼

【案例评析】

这是一个典型的管理者缺乏新员工导入机制理念致使上下级沟通失败，最终使新员工的积极性受挫的案例。杨瑞满腔热情地想把自己的所学应用到实践中，从而获得成就感。可是杨瑞的直接上级没有认识到她的特点和需求，过分强调杨瑞缺乏实践经验的一面，对她的行为做出了消极的反馈，致使杨瑞的积极性受挫。

沟通是组织人力资源管理工作的一个重要方面。良好的组织沟通可以稳定员工，从而降低离职率，提高员工的满意度和归属感，在组织中塑造团结、和谐的氛围等。对于新员工，在他们刚进入组织时就进行有效的沟通和引导，对留住并培养他们在以后工作中的积极性起着极为关键的作用。

案例 11-2 迪特公司的员工意见沟通制度

【案例评析】

对于管理者来说，沟通非常重要。没有信息沟通，管理者就不可能做出科学决策，同时，决策也不可能被准确执行。有效的沟通是双向的，不仅要将信息传递出去，而且要使所传递的信息被理解与反馈。在一个组织中，如果所有员工都能发表不同意见，为高层决策提供建议，那么，这个决策就会得到大多数员工的拥护，符合大多数员工的利益，决策的执行必然顺利且有效。

迪特公司通过员工意见沟通制度，有效地调动了全体员工的工作热情。全员参与公司的决策过程，成功地实现了民主管理，提高了劳动生产率。

第十二章 控制基础

四、自测练习

（一）单项选择

1. C 2. D 3. A 4. B 5. C 6. A 7. B 8. C 9. B 10. B

（二）多项选择

1. ACD　2. ABCD　3. AB　4. ABD　5. ABCD　6. ACD　7. ABC　8. ABCD　9. ABD

（三）判断正误

1. ×　2. ×　3. √　4. ×　5. ×　6. √　7. ×　8. √　9. ×　10. ×

（四）名词解释

1. 控制：是指为保证组织目标以及为实现目标所制订的计划得以实现，管理者必须对计划的执行过程进行监督、检查，如果发现偏差，还要及时采取纠偏措施。

2. 现场控制：又称即时控制，是指在某项活动或者某种工作过程中，管理者在现场对正在进行的活动或行为给予必要的监督、指导，以保证活动和行为按照规定的程序和要求进行的管理活动。

3. 前馈控制：又称预先控制，是指通过观察情况，收集、整理分析各种信息，掌握规律，预测趋势，正确预计未来可能出现的问题，提前采取措施，将可能出现的偏差消除在萌芽状态。简言之，前馈控制就是"防患于未然"。

4. 反馈控制：是指管理者通过分析工作结果，将结果与控制标准进行比较，发现偏差并分析成因，然后拟定纠偏措施并予以实施，以防止偏差继续发展，或防止偏差再度发生。

六、案例讨论

案例 12-1　汤姆的目标与控制

【案例评析】

控制是依据计划进行的检查、监督、纠正偏差的管理活动，那么，控制的标准就是计划。这里涉及两个问题：其一，计划制订的水平将决定控制的质量。例如，没有具体操作方案，只有数字目标的计划；有方案，但方案不具有可行性，操作性差；有可操作的可行性方案，但方案不被真正宣传到每个操作者。这些都不是完整的计划工作。完整的计划工作就是管理工作，有目标、有安排、有措施、有方法，且每个相关人员都可以熟悉掌握并切实实行。其二，控制仅仅有目标是远远不够的，仅仅告诉员工应该达到什么样的工作水平是起不到任何作用的。有效控制的要求是在计划的基础上，制定明确、详细、科学、客观的控制指标或标准，之后对照计划和控制标准衡量各项工作，发现偏离计划和控制标准的情况时马上研究，纠正偏差，这才是完整的控制过程。可见，光靠喊口号、摆数字是不够的，必须有标准、有办法，才能达到控制的要求。

案例 12-2　39 滴焊料

【案例评析】

标准是衡量实际业绩和预期业绩的尺度。对一项简单的经营活动，管理者可以通过亲自观察整个工作过程来实行控制。然而，在大多数经营活动中，这可能做不到。这由经营活动的复杂性所致。因此，有效的控制要求管理者将主要精力放在最为重要的事项、活动或环节上，即抓住关键控制点，以此制定合理的控制标准。有了控制标准，控制工作就有了依据。在本案例中，洛克菲勒所抓的关键控制点是"节约焊料"。

第十三章　控制系统和方法

四、自测练习

（一）单项选择

1. B　2. B　3. C　4. B　5. D　6. A　7. C　8. B　9. D　10. A　11. C

（二）多项选择

1. ABCD　2. ABD　3. ABCD　4. BCD　5. BD　6. ABCD　7. ACD　8. ABCD　9. ABC　10. BCD

（三）判断正误

1. ×　2. √　3. ×　4. ×　5. √　6. ×　7. ×　8. √　9. √　10. ×

（四）名词解释

1. 人员控制系统：人员控制系统主要集中于对组织内人力资源的管理。人员控制系统主要由控制主体、控制客体、控制信息和控制方法构成。控制主体是各级管理者；控制客体是组织中的各类员工及其行为；控制信息主要是指控制人员行为过程中可利用的信息，包括岗位说明书、操作规程、人员履历、工作汇报、绩效考评信息等；控制方法包括直接监督、人事调整、培训、授权、绩效考评、组织文化建设等。

2. 全面质量管理：是指组织内部的全体成员都参与到产品质量和工作质量工作过程中，把组织的经营管理理念、专业操作和开发技术、各种统计与会计手段等结合起来，在组织中普遍建立从研究开发、产品设计、采购、生产加工到产品销售、售后服务等环节的贯穿组织生产经营全过程的质量管理体系。

3. 零基预算法：在每个预算年度开始时，把所有还在继续开展的活动视为从零开始，重新编制预算。

六、案例讨论

案例13-1 丰田生产方式——全系统性产品质量体系

【案例评析】

构建何种控制系统，采取怎样的控制措施和方法，不同的企业有不同的做法，要根据企业文化、产业类型、管理人员和员工的具体情况来确定。案例中介绍了丰田公司的控制措施，其全面质量管理在企业界名声很大，效果突出。正是契合了日本企业独特的文化，丰田公司的家族式管理、纪律与服从、规范的行为方式、单纯的从业理念等都为全面质量管理的成功奠定了基础。

案例13-2 邯钢——"倒推"出来的利润

【案例评析】

邯钢对于成本的控制，结合生产工艺流程，采用模拟市场倒推的方法，前后工序之间按照市场行为运作，每个独立工序都是一个追求利益最大化的模拟市场单位，从内部激发了员工降低成本、提高效益的主动性，加上外部适当的、有效的激励措施，使控制措施发挥了作用。这些都为企业进行控制措施和方法的设计提供了有益的经验，只要按照控制的原则和基本要求，结合企业内外部环境，就可以达到有效控制的要求。